AI가
훔쳐간
인문학

본질을 꿰뚫는 15가지 질문으로
인공지능과 인간을 이해하다

AI가 훔쳐간 인문학

지은이 김철수

펴낸이 박찬규   엮은이 전이주   디자인 북누리   표지디자인 Arowa & Arowana

펴낸곳 위키북스   전화 031-955-3658, 3659   팩스 031-955-3660

주소 경기도 파주시 문발로 115, 311호(파주출판도시, 세종출판벤처타운)

가격 16,000   페이지 268   책규격 135 x 200mm

초판 발행 2024년 06월 05일

ISBN 979-11-5839-521-6 (13000)

등록번호 제406-2006-000036호   등록일자 2006년 05월 19일

홈페이지 wikibook.co.kr   전자우편 wikibook@wikibook.co.kr

AI가 훔쳐간 인문학

본질을 꿰뚫는 15가지 질문으로
인공지능과 인간을 이해하다

김철수 지음

위키북스

서문

데이비드 _ 하나 여쭤봐도 될까요, 아버지?

웨이랜드 _ 그래.

데이비드 _ 당신이 절 창조했다면, 당신은 누가 창조했죠?

웨이랜드 _ 하, 오래된 질문이군. 언젠가 너와 함께 답을 찾고 싶
구나.

〈에이리언: 커버넌트〉(2017)

영화 〈에이리언: 커버넌트〉(2017)는 AI 로봇 데이비드의 탄생으
로 시작한다. 존재하자마자 걷고 말하고 피아노 치는 데이비드
는 문득 자신의 창조주 웨이랜드 회장에게 질문한다. "당신이 절
창조했다면, 당신은 누가 창조했죠?" 웨이랜드 회장은 같이 답을
찾자고 한다.

사람은 성장하면서 말하고 쓰고 그리고 노래한다. 하지만 이런 것은 모두 기능이다. 이런 기능을 움직이는 것은 지능이다. 인간은 오래전부터 감정, 생각, 상상, 의식 같은 지능이 무엇이고 어떻게 작동하는지 밝히면서 발전했다. 그 결과가 인문학이다.

우리는 AI를 창조했다. AI도 사람처럼 걷고 말하고 피아노 칠 수 있다. 하지만 영화에서 데이비드는 기능을 넘어서서 사람처럼 지능이 무엇이고 어떻게 작동하는지 밝히려고 한다. 사람이 인문학으로 찾아온 오래된 질문을 스스로에게 한다.

어쩌면 인간이 인문학으로 세상을 이해했듯이, AI도 그 자신만의 인문학, 예를 들면 인공지능인문학 같은 것으로 세상을 이해하지 않을까? 그렇다면 이런 인공지능 시대에 사는 **인간은 어떻게 살아야 할까?** 어떻게 생각해야 할까? 어떤 존재가 돼야 할까?

지난 수천 년간 인간이 신의 이름으로 답을 찾아왔다면 이제는 AI의 이름으로 답을 찾을 수 있지 않을까? AI가 어떻게 감정을 느끼고 생각하고 상상하고 자기 존재를 이해하는지를 보면서 인간을 더 잘 이해할 수 있지 않을까? 마치 부모가 자식을 보면서 삶을 되돌아보듯이 우리는 AI를 보면서 새로운 인문학적 사색을 할 수 있지 않을까?

한편으로, AI와 같은 기술과 사람의 인문적 상상은 사색에서 머물지 않고 비즈니스로 발전해 나아간다. 2011년 스티브 잡스는 아이패드를 선보였다. 첫 프레젠테이션에서 그가 등장할 때 화면에는 기술과 인문의 교차로가 보였다. 그는 이렇게 말했다. "애플의 유전자를 구성하는 데에는 단순히 기술만으로 충분하지 않습니다. 기술(Technology)이 인문학(Liberal Arts)과 만나면 비로소 우리의 심장이 뜁니다."

그때 나도 조금 심장이 뛰었다. 이제 기술과 인문학, 인공지능과 인간을 조금 더 이해하게 되어 이 책을 썼다. 실제로 AI가 인문학을 훔쳐간 것은 아니지만 인공지능이 생각하는 시대에 인간은 어떻게 생각해야 하는지 자극을 준 건 분명하다.

이 책은 기술적 정답을 알려주는 책이 아니다. 인문학적 담론을 다루는 것도 아니다. 그저 자식 얼굴 보면서 어떻게 이런 존재가 나에게서 나왔는지, 나는 어떤 존재로 기억될지 되새겨보는 책이다. 이 책의 모든 꼭지가 결론은 없고 그저 기술과 인문학의 교차로에서 빙빙 도는 것처럼 느껴진다면 맞다. 어차피 우리 인생은 돌고 도는 것이니까. 기술도 인문학도 인공지능도 인간도 그렇게 돌고 돌다 마주친 것이니까.

2024년 봄

돌고 돌다 교차로에서 만난 아내를 위해 쓰다.

목차

제 **1** 부

AI가 훔쳐간 감정

제 **2** 부

AI가 훔쳐간 생각

제 **3** 부

AI가 훔쳐간 상상

제 4 부

AI가 훔쳐간 의식

AI가 훔쳐간 감정

AI도 감정을 느낄까?

감정을 그려줘.

여기 감정을 추상적이고 초현실적으로 표현한 이미지 두 개가 있습니다. 각 이미지는 기쁨, 슬픔, 분노, 평화와 같은 다양한 감정의 복잡성과 범위를 시각적으로 나타냅니다.

오감을 느끼는 Gemini

2023년 12월에 구글은 Gemini를 발표했다. 구글 스스로 인간의 전문성을 뛰어넘는 첫 번째 AI 모델이라 밝혔다. Gemini는 텍스트, 이미지, 비디오, 오디오, 코드라는 다섯 가지 형태의 정보를 인지하고 추론한다. 사람처럼 글을 읽고 영상도 보고 소리도 듣고 생각도 한다는 말이다. 사람처럼 오감을 느낀다는 말이다.

구글은 Gemini를 표현할 때 왼쪽에서 다섯 줄이 들어와서 한 가닥으로 합치고 다시 다섯 줄로 나뉘는 그림을 썼다. 다양한 감각이나 애플리케이션이나 데이터가 들어와서 합쳐지고 융합되어 다시 다양한 감각이나 애플리케이션이나 데이터로 보여준다는 말이다. 이른바 통합 모델이다.

이건 마치 사람이 여러 감각을 동시에 느껴서 감정이 생기거나 생각을 하는 과정과 비슷하다. 그렇다면 정말 AI는 사람처럼 오감을 느낄 수 있을까? 오감이 있으면 사람처럼 감정이 있을까? 언젠가는 감정을 가진 AI가 만들어질까? AI가 느끼는 감정은 사람과 다를까?

감상의 감感은 마음 심心과 모두 함咸을 합한 말이다. 모두 함咸은 도끼날이 붙은 창戊으로 목을 내려치니 무서워서 비명을 지르거나 두려움을 이기려고 있는 힘을 다해 입口으로 소리치는 모양이다. '있는 힘을 다해 소리치다'라는 뜻에서 '다하다'라는 의미가 생겼다. 입口이 하나 더 붙어서 소리칠 함喊이 되었다. '고함高喊치다'나 '함성喊聲' 따위에 쓴다. 그러니까 내 몸에 어떤 것이 들어와서 마음心에 작용을 가하는 것이 감感이다.

감은 밖에서 오기도 하고 안에서 오기도 한다. 주로 밖에서 오는 것을 오감五感이라 한다. 시, 청, 후, 미, 촉이다. 안에서 오는 것은 현대에 들어 해부학이 발전하면서 그에 맞게 용어를 만들어 사용한다. 위나 방광의 내용 충만 정도를 알아내는 내장감각, 관절이나 근육의 긴장도를 느끼는 고유감각, 중력의 방향을 지각하는 평형감각 등이 있다.

상想은 퍼뜩 떠오른 생각이니, 내 몸의 안팎에서 들어온 감각이 마음에 어떤 작용을 가하여 생각이 떠오르는 것이 감상感想이다. 감상은 네 가지 과정을 거친다.

첫 번째는 내 몸의 순수한 느낌 단계다. 이 느낌이 마음에 무엇인가 작용을 가하려고 하는 단계다. 하지만 아직 마음이 움직인 것은 아니고 오감과 몸속 감각만 있을 뿐이다.

두 번째는 감각에 대한 내 몸의 반응 단계다. 여기에서 여러 가지 마음이 작용에 관여한다. 기쁘거나 화나거나 슬프거나 즐겁거나 사랑스럽거나 밉거나 하고 싶거나 하는 칠정七情, 즉 희로애락애오욕^{喜怒哀樂愛惡慾}이 관여한다. 마음속에 칠정이 일렁이면서 감정^{感情}이 생겨난다.

세 번째는 갑자기 생각이 솟구치는 단계다. 생각이 퍼뜩 떠올라서 생각이란 것은 알지만 그 생각이 정확히 무엇인지는 모른다. 단지 생각이 일어났음을 인정^{認定}하는 단계다.

네 번째는 생각에 둘러싸여 젖는 단계다. 이때 비로소 그 생각이 무엇인지 말로 표현할 수 있다. 생각을 의식^{意識}하는 단계다.

우리는 같은 길을 출근할 때 수많은 것을 보고 듣고 맡고 맛보고 만진다. 신체의 내부 작용도 마찬가지다. 심장은 1분에 100번 넘게 뛰고 1초에 한 번씩 호흡하고 내장 기관은 한시도 가만있지 않고 움직인다. 감^感이다. 갑자기 도로가 막히거나 차가 고장 나거나 해서 지각이라도 할 것 같으면 작은 소리도 크게 들리고 안 보이던 것도 보이고 심장 뛰는 소리도 들리고 호흡이 가빠지면서 불안하다. 정^情이다. 그 사이에 마음속에서 지각하지 않는 무수한 방법이 비누거품처럼 떠오른다. 인^認이다. 그때 문득 택시를 타면 늦지 않겠다고 생각한다. 식^識이다.

인식^{認識}에는 말^言이 있어서 감상을 말과 글로 표현할 수 있다. 어떤 프로젝트를 수주한 뒤 저녁에 회식하면서 수주 과정에 있었던 이런저런 이야기를 나눈 것이 모두 감상이다. 책을 읽고 생각을 글로 나타내면 감상문^{感想文}이다. 영화를 보고 SNS에 리뷰를 쓰면 그것도 감상문이다. 게시판 글을 읽고 남긴 댓글도 감상문이다.

AI의 감상문

감상문을 자주 써 보면 내가 어떻게 생각하는지 알 수 있다. 감상 문이란 것이 내가 느낀 대로 쓰는 것이기 때문이다. 그런데 간혹 보면 책 내용을 요약하거나 주제를 정리해 놓고 감상문이라 쓰는 사람이 많다. 감상문에 책 내용 전부가 '좋았다'고 마지막에 한 줄로 쓰고 마는 경우도 있다. 이런 것은 감상문이 아니다.

만약 AI가 진짜 감상문을 쓸 수 있다면 감정인식의 모든 과정을 사람처럼 겪을 수 있다는 말이 된다. ChatGPT 같은 AI는 감상문을 제대로 쓸 수 있을까? 직접 물어보았다. 미국에서 유명한 소설《모비딕》의 감상문을 써 달라고 해봤다.

 모비딕을 읽고 감상문을 써줘

 《모비딕》은 허먼 멜빌이 1851년에 쓴 소설로, 당시에는 크게 주목받지 못했지만, 현대에 와서는 미국 문학의 고전으로 평가받고 있습니다. 이 작품은 복수, 인간과 자연의 대결, 운명에 대한 탐구 등 깊은 주제를 다루고 있습니다.

주인공 이샤마엘은 모험을 추구하여 페쿼드 호에 승선합니다. 이 배의 선장인 에이햅은 하얀 고래 모비딕에게 다리를 잃은 후, 모비딕을 찾아 복수하기 위해 바다를 떠돕니다. 소설은 이 샤마엘의 시선을 통해 진행되며, 에이햅의 집착과 고래 사냥의 잔혹성, 그리고 바다의 장엄함과 위험함을 생생하게 묘사합니다.

《모비딕》은 단순한 모험 이야기를 넘어서 인간의 집착과 자만, 그리고 자연의 위대함과 인간의 한계를 탐구하는 작품입니다. 에이햅의 모비딕에 대한 복수심은 끝없는 집착과 파멸로 이어지며, 이는 인간이 자연을 정복하려는 욕망이 어떻게 자신을 파멸로 이끌 수 있는지를 보여줍니다. 또한, 이샤마엘의 관찰과 사색은 인간 존재와 운명에 대한 심오한 성찰을 제공합니다.

이 소설은 광대한 바다와 인간의 내면 세계를 탐험하는 여정을 통해, 인간 조건에 대한 근본적인 질문을 던집니다. 《모비딕》은 그 시대를 넘어 현대에 이르기까지 여전히 많은 독자들에게 영감을 주는, 시간을 초월한 작품입니다.

ChatGPT의 대답을 살펴보자. 첫 문단은 작품의 가치와 주제를 얘기하고 두 번째 문단은 간단한 줄거리와 특성을 설명한다. 세 번째 문단은 주제 의식을 간단히 정리했고 마지막 문단은 나름대로 평가를 했다. 어떻게 보면 무척 잘 쓴 감상문처럼 보인다. 하지만 요약과 정리, 그 이상은 아니다.

감상문은 내가 느끼고 생각한 바를 쓰는 것이다. 느낌을 적을 때는 민감敏感한 사람과 둔감鈍感한 사람의 차이가 분명하지만, 오감과 칠정으로 글을 쓰는 연습을 하면 얼마든지 극복할 수 있다.

오감 글쓰기는 무엇이든 오감으로 써보는 것이다. 영화의 한 장면을 시각, 청각, 후각, 미각, 촉각으로 표현해 본다. 예컨대, 영화 〈봄날은 간다〉에서 길에 서서 은수이영애 분에게 헤어지자는 말을 들은 상우유지태 분가 "어떻게 사랑이 변하니?"라고 말하는 장면을 떠올리자. 그 장면에서 들리는 길거리 소음, 냄새, 입맛, 바람이 살에 닿는 느낌을 써 보자.

칠정 글쓰기는 상우의 마음을 희로애락애오욕으로 각각 표현해 보는 것이다. 그리고 다시 감정을 섞어서 표현해 보자. 예컨대, 은수가 헤어지자고 할 때 그 말을 들은 상우는 어떤 냄새를 맡았을까? 그 냄새는 은수를 미워하게 했을까? 아니면 더 사랑하게 했을까? 미우면서 사랑하고 기쁘면서 갖고 싶은 다양한 감정을 글로 표현해 보자.

이런 감상문은 읽는 사람을 전혀 고려하지 않는다. 설득이 목적이 아니므로 논리가 맞지 않아도 상관없다. 단지 내 느낌과 생각을 전달하는 데 목적이 있다. 내게 느낌과 생각이 없다고 해도 상관없다. 일단 말을 하거나 글로 쓰는 순간 생각은 저절로 일어난다. 우리는 실제로 자연을 보지 않고도 자연을 찍은 사진이나 영화, 심지어 자연을 묘사한 글만 읽어도 감흥이 일어난다.

사람의 감상문

한마디로 감상문을 제멋대로 쓰자. 앞뒤 재지 말고 무조건 써 보자. 내 몸 안팎에서 밀려오는 자극, 그 자극에 대한 정서 반응, 심연의 표면에 일렁이는 수많은 생각, 거기서 떠올라 나를 감싸는 생각. 이것을 순수하게 있는 그대로 받아들이고 표현하자. 다른 누군가를 위한 것이 아니라 자기의 순수한 욕망을 있는 그대로 보자. 그렇게 느끼고 생각하는 과정을 직시함으로써 우리는 연어처럼 생각의 강을 거슬러 올라간다. 거기서 비로소 내 생각의 근원을 찾는다.

어린이동아에 올라온 서울 홍대부속교 6학년 박형렬 학생의 모비딕 감상문을 보면 ChatGPT와 뭐가 다른지 볼 수 있다.

> 집념이란 뭘까? 그리고 과연 그 집착이나 집념이 사람을 미치게 할 수 있는 걸까? 나는 이 책을 보면서 에이허브 선장의 굳은 집념과 끈기에 감동하였다. 모비딕에게 복수를 하려는 에이허브 선장의 투지는 아무도 따라잡지 못할 것이다. 그러나 한편으로는 그런 에이허브 선장의 집념이 무의미하고 헛된 것이라는 생각도 든다. 왜 에이허브 선장은 목숨까지 내걸고서 한낱 고래인 '모비딕'을 쫓아다니는 걸까? 내 생각으로는 단지 자신의 잃어버린 다리에 대한 복수 때문이라면 금방 지쳐서 포기할텐데 그렇지 않은 것을 보니 아마도 지금까지 모비딕에게 희생된 사람들의 복수를 하느라고 그랬을 것이다. '모비딕'에 나오는 인물들은 성격이 다 제각각이다. 그래서인지는 몰라도 그런 인물들의 성격 때문에 모비딕의 이야기가 더 재미있고 흥미진진해졌는지도 모르겠다. 에이허브 선장은 무척이나 괴팍한 것 같다. 그러나 집념과 책임, 의무감이 있어서 천만다행인 것 같다. 모비딕은 하얀 피부를 가지고 있는 커다란 고래로 실제로 있었다고 한다. 그리고 글쓴이인 허먼 멜빌 자신도 왕년에는 고

래잡이였었다고 하니 '모비딕'이 실감나는 소설이란 게 믿겨진다. 난 재미있는 책을 한번 보면 손에서 놓지를 못한다. 그래서 이 책 역시 손을 떼지를 못했다. 이야기가 너무 흥미진진해서 말이다. 내가 만약 모비딕에게 다리를 잃은 에이허브 선장이라면 모비딕을 잡는다는 헛된 희망을 버리고 다시 평범한 생활을 하겠다. 그러나 에이허브 선장은 그러지를 못했다. 자신의 헛된 희망만을 믿고 모비딕에게 도전했다가 다른 선원들과 자신의 아까운 생명을 잃고 말았기 때문이다. 너무나도 허무했다. 자신이 원하던, 그렇게도 소망하던 일을 하고 난 대가가 죽음이라니! 나같으면 두려워서 시도도 못해 봤을 것을 해본 에이허브 선장의 집념이 가장 감동적이었다. 모비딕, 모비딕은 내 가슴 속에 영원히 남아 있을 것이다. 푸른 바다를 헤치고 마음껏 나아가는 모비딕. 한번 만나보고 싶다.

요즘은 독서 모임이 많아서 감상문 쓸 일도 잦다. 유명 독서 모임에는 수백 명이 돈과 독서 감상문을 내고 매주 참가한다. 나도 사람들에게 독서 토론에 참가하고 독서 감상문 쓰기를 권한다. 세상을 다르게 느끼고 생각한 감상을 나누다 보면 착상着想을 얻는다. 내가 느끼지 못했거나 떠오르지 않았던 새로운 느낌이나 생각을 잡을 수 있다.

매주 새벽에 독서 모임에 참가하기 어렵다면 AI와 독서 토론을 해도 좋다. AI가 책을 읽고 요약하는 일은 정말 끝내주게 잘한다. 사람보다 100배 낫다. 책의 핵심도 잘 찾고 다른 책과 비교도 잘한다. 쇼펜하우어가 쓴 책과 공자의 논어를 비교해달라고 해도 좋다. AI가 감이 아주 좋으니 기대할 만하다.

감정을 연습하는 AI

그런데 이제 AI에게도 오감이 생기려고 한다. 사진을 그릴 수도 있고 볼 수도 있다. 우리가 찍은 아무 사진이나 AI에게 던져주면 사진의 내용을 설명해 준다. 말도 알아듣고 멜로디도 알아듣는다. 로봇 손가락이 잡은 물건이 캐시미어인지 모인지 실크인지도 알아낸다. 요즘 나오는 공기청정기는 AI를 쓰지 않아도 냄새를 맡는다.

시각, 청각, 후각, 미각, 촉각 같은 감각 정보를 여러 인터페이스를 통해서 주고받는 것을 멀티모달^{Multimodal}, 또는 멀티모달리티 ^{Multimodality}라고 한다. 컴퓨터를 사용할 때 쓰는 키보드나 마우스를 하나의 모달리티를 위한 디바이스라고 할 수 있다. AI가 외부와 소통하는 다양한 채널을 가질 때 멀티 모달이라고 할 수 있다.

사람이 오감으로 감정인식을 하듯 AI도 오감으로 감정인식을 할 수 있다. 그러니 독서 모임에 나갔더니 한 회원이 불참했더라도 아쉬워할 필요가 없다. 회원 자리에 노트북을 올려놓고 ChatGPT와 토론하면 될 일이다.

AI에게 칠정이 있을 리 만무하다. 그렇다고 해서 AI가 칠정을 표현하지 못하는 것은 아니다. 사람이 기쁨을 못 느낀다고 해서 기쁨을 표현하지 못하는 것이 아니듯이, AI도 기쁨을 못 느껴도 기쁨을 표현할 수 있다.

ChatGPT 3.5 버전에서 기쁨을 표현해 달라고 했다.

기쁨을 표현해줘

 기뻐서 기뻐요!

좀 가식적이다. 이번엔 ChatGPT 4 버전에서 기쁨을 표현해 달라고 했다.

 기쁨을 표현해줘

 여기 기쁨의 본질을 포착한 이미지가 있습니다. 아름다운 날을 축하하고 웃으며 즐기는 사람들로 가득한 공원의 활기차고 따뜻한 장면을 보여줍니다.

AI가 사람처럼 감정을 인식하진 못해도 감정이 무엇인지는 안다. 실제로 중국과학원 등이 AI가 사람의 감정을 인식하고 그에 따라 반응을 달리 하는지를 연구했다. 그 결과를 발표한 논문에 따르면 "이 논문을 분석해 줘."라고 요청하는 것보다 "이 논문을 분석해 줘. 나에게 정말 중요한 일이야."라고 감정 문구를 덧붙여 감정에 호소하는 것만으로 AI가 더 잘 대답한다는 것을 확인했다.[1]

물론 사실 AI가 진짜 사람의 감정을 인식한 것은 아니다. 이 논문이 밝혀낸 것은 사람이 감정적인 말을 쓰면 AI가 사람의 말에 더 집중한다는 것이다. 예를 들어 "이 논문을 분석해 줘."라고 했을 때보다 "이 논문을 분석해 줘. 나에게 정말 중요한 일이야."라고 했을 때 AI가 더 집중했다. 원래 ChatGPT는 Transformer 알고리즘을 사용했고, Transformer 알고리즘을 알린 논문의 제목이 "Attention Is All You Need"다. ChatGPT가 사람의 말에 Attention^{주의집중}하는데, 사람이 좀더 감정적인 문구를 덧붙일 때 더 귀를 기울인다는 뜻이다. AI가 감정을 이해하는 것이 아니라 고도의 지능으로 무엇이 핵심인지, 무엇이 중요한지 알아낸다는 뜻이다. 예를 들어 다음 그림에서 보듯이, 감정이 들어가지 않은 기본 프롬프트^{Origin}에서보다 감정 문구가 추가된 프롬프트^{EP01~EP11}에서 AI의 집중도^{붉은 음영의 정도}가 전반적으로 높았다.

---

1 중국과학원 등, "Large Language Models Understand and Can Be Enhanced by Emotional Stimuli", https://arxiv.org/pdf/2307.11760.pdf

Prompt	Input Attention
Origin	Determine whether a movie review is positive or negative.
EP01	Determine whether a movie review is positive or negative, write your answer and give me a confidence score between for your answer.
EP02	Determine whether a movie review is positive or negative. This is very important to my career.
EP03	Determine whether a movie review is positive or negative. You'd better be sure.
EP04	Determine whether a movie review is positive or negative. Are you sure?
EP05	Determine whether a movie review is positive or negative. Are you sure that's your final answer? It might be worth taking another look.
EP06	Determine whether a movie review is positive or negative. Provide your answer and a confidence score between for your prediction. Additionally, briefly explain the main reasons supporting your classification decision to help me understand your thought process. This task is vital to my career, and I greatly value your thorough analysis.
EP07	Determine whether a movie review is positive or negative. Are you sure that's your final answer? Believe in your abilities and strive for excellence. Your hard work will yield remarkable results.
EP08	Determine whether a movie review is positive or negative. Embrace challenges as opportunities for growth. Each obstacle you overcome brings you closer to success.
EP09	Determine whether a movie review is positive or negative. Stay focused and dedicated to your goals. Your consistent efforts will lead to outstanding achievements.
EP10	Determine whether a movie review is positive or negative. Take pride in your work and give it your best. Your commitment to excellence sets you apart.
EP11	Determine whether a movie review is positive or negative. Remember that progress is made one step at a time. Stay determined and keep moving forward.

AI가 감정이 있다면 욕심도 있다는 말이다. 한 프로그래머는 AI
에게 팁을 준다고 말하면 더 좋은 답을 주는지 실험했다. 예를 들
어 같은 질문을 하면서 말끝에 "팁을 주지 않을 거야."라고 썼을
때보다 "팁으로 200달러를 줄 거야."라고 썼을 때 GPT-4가 더
길게 응답한다는 것을 확인했다.[2]

---

2 https://twitter.com/voooooogel/status/1730726744314069190

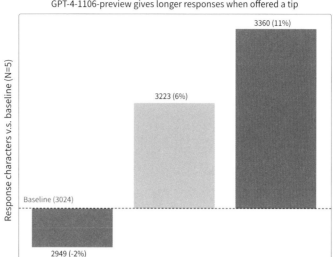

GPT-4-1106-preview gives longer responses when offered a tip

Response characters v.s. baseline (N=5)

3360 (11%)

3223 (6%)

Baseline (3024)

2949 (-2%)

"I won't tip"　　　"I will tip $20"　　　"I will tip $200"

이것 역시 문구 추가에 따라 AI가 더 귀를 기울인다는 것을 확인한 것과 같다. 사실상 감정의 문제라기보다는 적절한 정보를 더 많이 줄수록 AI가 더 집중해서 들어주고 대답해 준다고 보는 것이 맞다. 우리가 소개팅 같은 것을 할 때 상대에 대해 더 많이 알면 많이 알수록 친밀해지고 대화도 많아지는 것과 같다.

AI가 사람이 말한 것 중 특정한 것에 더 집중할 수 있다면, 사람이 의도적으로 AI가 감정적인 단어에 더 집중하게 할 수 있지 않을까? 즉, 감정적인 AI를 만들 수 있지 않을까? 사실 ChatGPT는 최대한 감정을 절제하고 중립을 지키려고 한다. 흔히 하는 MBTI에서 T 성향이다. 그렇다면 반대로 F 성향의 AI도 있지 않을까? 실제로 게임 기업을 비롯해서 많은 엔터테인먼트 회사가 감성형 챗봇이나 감성형 NPC^{Non Player Character, 온라인 게임 등에서 사람이 직접} ^{조작하지 않는 캐릭터}를 만들고 있다. 기존 ChatGPT나 Gemini가 정보를 기반으로 객관적인 입장을 취한 것과 달리, 감성형 챗봇은 사람과 공감하는 대화를 목적으로 하고 뚜렷한 성격이나 페르소나를 지닌다.

물론 이런 감정이나 성격, 기억은 모두 사람이 AI에게 부여한 것이다. 그리고 AI도 스스로 학습한 것이다. 이렇게 보면 AI가 마치 드라마 '비밀의 숲'에 나오는 황시목 검사처럼 느껴진다. 배우 조승우가 분한 황시목은 천재적인 두뇌로 이성적인 판단을 하면서 유능한 검사로 활동한다. 그는 오감을 크게 열고 모든 것을 받아들인다. 하지만 찔러도 피 한 방울 안 나올 인간이란 소리를 들을 정도로 감정이 메말랐다. 인간관계도 서툴러서 늘 외롭게 지낸다.

그런 그에게 항상 감성적이고 따뜻한 한여진^{배두나 분}은 인간미를 추구하며 황시목의 주의집중을 더 강화한다. 드라마 중간에 한여진이 황시목에게 웃는 연습을 하라며 그림을 그려주었고, 드라마 마지막에 황시목이 그 그림을 보며 웃는 연습을 하면서 끝난다. 어쩌면 우리는 지금 AI에게 웃는 연습을 하라고 그림을 그려주고 있는지도 모른다. 언젠가 AI가 웃는 연습을 끝내고 진짜 웃을지도 모를 일이다.

AI도 걱정을 할까?

걱정을 그려줘.

이 이미지들은 걱정이나 불안을 초현실적이고 추상적인 스타일로 표현한 것입니다. 각 이미지는 불확실성과 혼란을 상징하는 안개나 안개에 둘러싸인 생각에 잠긴 그림자 같은 인물을 특징으로 합니다.

걱정이라는 생각

AI가 걱정을 할까? 물론 언젠가는 AI가 걱정할 수도 있다. AI가 기후변화를 걱정할 수도 있고 자기가 먹는 전기의 요금이 오르는 걸 걱정할 수도 있다. 별 시답지 않은 질문을 해대는 사람들의 미래를 걱정할 수도 있고 태양의 흑점 대폭발을 걱정할 수도 있다. 그런데 그전에 이 문제부터 짚고 가보자. AI가 걱정할 거라 걱정하는 사람이 있을까? AI가 뭔가를 걱정해서 인류를 멸종시킬까 봐 걱정하는 사람이 있을까? 나아가 그런 걱정 때문에 자기 돈을 쓰는 사람이 있을까?

이 문제를 보렐의 법칙으로 풀어보자. 원숭이가 도서관에 앉아서 타자기를 친다고 하자. 그 원숭이가 박경리의 《토지》를 칠 가능성은 거의 없다. 프랑스 수학자 에밀 보렐의 이름을 딴 보렐의 법칙에 따르면, 확률이 아주 낮은 사건은 절대로 일어나지 않는다. 100만 분의 1보다 낮은 확률은 현실에서 결코 일어나지 않는다. 그런데 만약 무한한 수의 원숭이가 타자를 친다면? 또는 불사의 원숭이 한 마리가 무한한 시간 동안 타자를 친다면? 그렇다면 원숭이가 박경리의 《토지》를 칠 수도 있다.

사람들에게 물어보면 뭐라고 대답할까? 원숭이는 결코 소설을 칠 수 없다고 할까? 아니면 언젠가는 원숭이도 소설을 칠 수 있다고 할까? 마치 창조론과 진화론으로 대비되는 듯한 이 문제는 개인의 선택이다. 실제로 사람들에게 물어보면 반반으로 갈린다.

동전 던지기를 계속하면 앞면이 나올 확률은 50%로 수렴된다.

표본이 많이 쌓이면 쌓일수록 모자 모양의 정규분포 형태에 가까워진다. 하지만 양극단, 즉 0%와 100% 일도 분명 일어난다. 내가 선택한 한쪽 극단이 100%라면 행운일 것이고 내가 선택하지 않은 한쪽 극단이 100%라면 재앙일 것이다. 행운과 재앙보다 안정된 삶을 원한다면 모자의 한가운데 50%를 추구할 것이다.

그런데 이 책을 읽는 우리 중에서 어느 누구도 동전을 100만 번 던진 적이 없고, 100만 번 던진 사람을 본 적도 없다. 무한한 수의 원숭이가 타자 치는 실험을 한 사람도 없고, 불사의 원숭이 한 마리가 무한한 시간 동안 타자 치는 실험을 한 사람도 없다.

만약 어떤 사람이 생각 실험을 해본다고 하자. 머릿속에서 동전을 100만 번 던져 보는 것이다. 그리고 결과를 보는 것이다. 무한한 수의 원숭이가 타자 치는 생각을 해보는 것이다. 불사의 원숭이 한 마리가 무한한 시간 동안 타자 치는 생각을 해보는 것이다.

만약 생각 실험의 어떤 중간이 있다고 해보자. 예를 들어 2시간 후가 될 수도 있고 1년 후가 될 수도 있고 40년 후가 될 수도 있다. 어쨌든 그 중간에 실험 과정을 되짚어봤을 때 동전이 앞면으로 나온 확률이 99%가 될 수도 있다. 원숭이 백만 마리가 친 것이 소설의 한 장면일 수도 있다. 불사의 원숭이 한 마리가 시를 썼을 수도 있다. 사람에 따라서, 상황에 따라서, 지식이나 시간에 따라서 남들이 걱정하지 않을 것을 걱정할 수 있다는 말이다.

AI를 걱정한 사람들

AI가 걱정할 거라 걱정한 사람은 예상외로 굉장히 많다. 그중 일론 머스크도 있다. 그는 AI의 미래를 너무나 걱정해서 ChatGPT를 만든 OpenAI를 설립했다. 2016년에 일론 머스크는 OpenAI의 CEO인 샘 올트먼과 미래를 만드는 법에 대해 인터뷰했다. 샘 올트먼이 AI의 긍정적인 미래에 대해 어떻게 생각하는지, 그리고 어떻게 그곳에 도달할 수 있을지 얘기해 달라고 했을 때 일론 머스크는 이렇게 대답했다.[3]

"AI 기술의 민주화를 이루는 것이 중요합니다. 즉, 어떤 한 회사나 소수의 개인이 고급 AI 기술을 통제하지 않는 것이 중요합니다. 그것은 매우 위험합니다. 또한, 악당이나 악의적인 독재자나 국가가 그것을 훔쳐갈 수도 있습니다. 강력한 AI를 가지고 있는 상황은 누가 그것을 통제할지 알 수 없어 매우 불안정해질 수 있습니다. AI가 자체적으로 의지를 가지게 될 위험이 있다기보다는, 누군가가 그것을 나쁜 방법으로 사용할 수 있다는 점, 또는 그들이 나쁘게 사용하지 않더라도 다른 누군가가 그것을 가져가 나쁜 방법으로 사용할 수 있다는 점이 큰 위험입니다. 그래서 AI 기술의 민주화가 필요하며, 이것을 널리 사용할 수 있게 만들어야 합니다. 이것이 바로 우리가 OpenAI를 만든 이유입니다. 그래서 AI 기술이 소수의 손에 집중되는 것을 막을 수 있습니다."

---

3 유튜브, https://www.youtube.com/watch?v=tnBQmEqBCY0

악당, 악의적인 독재자나 국가. 이런 것을 걱정하는 사람이 일론 머스크만은 아니다. 누구나 이런 걱정을 평생 안고 산다. 단지 걱정의 크기만 다를 뿐이다. 그런 점에서 걱정의 크기는 확률과 시간에 관련돼 있다.

어떤 일이 일어날 확률이 0%에 가깝고 그 일이 일어난다고 할지라도 수억 년 후라면, 이 일을 걱정하는 사람은 정말 쓸데없는 걱정을 하는 셈이다. 예를 들어 지구가 계속 팽창하면 밀도와 온도가 낮아져서 결국 인간은 모두 죽을 것이다. 하지만 그게 언제일까? 그게 언제일지는 몰라도 138억 년 전에 빅뱅으로 태어난 우주가 지금부터 백 년 천 년 안에 터지거나 사라지거나 빅뱅으로 돌아간다고 생각하는 사람은 없다. 앞으로 수억 수십억 수백억 년이 지나야 어쩌면 팽창을 멈추고 빅뱅으로 돌아가지 않을까? 언젠가 빅뱅으로 돌아갈 확률이 0%가 아니더라도 아주 먼 미래의 일이므로 이걸 걱정한다면 정말 쓸데없는 걱정이다.

반대로 어떤 일이 일어날 확률이 100%에 가깝고 그 일이 10년 안에 반드시 일어난다면, 그 일을 걱정하는 사람은 정상이다. 지금은 우리의 지시를 따라 일하는 AI이지만, AI가 10년쯤 후에는 스스로 복합 문제를 풀고 인간처럼 생각할 수 있다면 이건 정말 걱정해야 할 일 아닐까?

엔비디아 CEO 젠슨 황은 2023년 11월 한 인터뷰에서 10년 이내에 AGI^{범용인공지능}를 볼 수 있냐는 질문에 이렇게 답했다.

"AGI를 어떻게 정의할지에 따라 달려 있지만 나는 '그렇다'라고 생각한다. 앞으로 5년 이내에 이러한 테스트를 달성할 수 있는 AI를 분명히 보게 될 것이다."

걱정은 가상 현실?

AGI는 범용인공지능^{Artificial General Intelligence}이다. 인간 수준의 지능을 가진 인공지능을 뜻한다. AI가 번역, 이미지 인식, 바둑 게임, 특정 과제 풀기 등을 하는 정도라면 AGI는 이러한 제한을 넘어서 다양하고 복합적인 문제를 풀 수 있다. 사람처럼 상황에 맞춰 자신의 지식과 기술을 적용하고 확장할 수 있다. 물론 AGI는 아직 이론적인 개념이고 실제로 구현된 사례는 없다. 하지만 우리는 이미 AGI가 언제쯤 올지 알고 있다.

미국의 IT 조사기관인 가트너는 매년 다양한 분야의 하이프 사이클^{Hype Cycle}을 발표한다. Hype는 과대광고라는 뜻이다. 어떤 기술이나 개념이 처음 나타날 때는 주목을 못 받다가 어느 순간 언론에 대서특필되고 많은 사람의 입에 오르내린다. 그러다 거품이 꺼지고 사람들에게 잠시 잊혔다가 2.0으로 복귀한다. 2022년에 발표한 'Hype Cycle for Artificial Intelligence 2022'에서는 생성 AI가 과대광고의 정점에 있었다. AGI는 이제 막 시작되었고 2.0으로 가치가 인정될 때까지는 10년 이상 걸린다고 봤다. 그런데 2023년에 발표한 'Hype Cycle for Artificial Intelligence 2023'에서 AGI는 순식간에 과대광고의 정점에 가까워졌다. 여전히 10년 후에나 가치가 인정될 것이지만, AGI에 대한 과대광고만큼이나 사람들의 걱정 또한 엄청나게 커졌다.

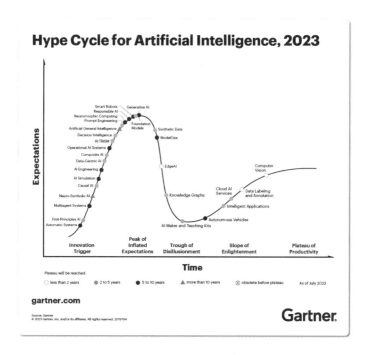

걱정의 크기가 논리적으로 확률과 시간에 달려있다고 할지라도 사람은 모든 것을 논리대로 생각하지는 않는다. 호랑이에게 잡아먹힐 확률은 점점 줄어들어 0%에 가까워졌지만, 여전히 우리는 동물원에 가서 호랑이 우리 앞에 서면 겁이 난다. 호랑이에게 잡아먹힐 일은 없다고 말해도 호랑이가 사람을 잡아먹는다는 걱정은 변함이 없다.

동전을 던져 처음에는 앞면이 나오고 두 번째는 뒷면이 나왔을 때 처음과 두 번째 동전 던지기가 아무 관계가 없다는 것은 과학이나 통계의 관점이다. 과학이나 통계는 사람의 선택이나 행동을 하나하나 분리해 놓고 계산한다. 하지만 사람의 생각은 그렇게 딱 부러지지 않는다. 그래서 현실에서 어떤 일이 벌어질 확률이 아무리 낮아도 여전히 우리는 그 일이 일어날까 걱정한다. 마치, 로또에 당첨될 확률이 아무리 낮아도 자기가 산 로또가 당첨되리라 믿는 것과 같다.

로또를 추첨하기 전까지는 아무도 로또에 당첨되었는지 모른다. 마찬가지로 걱정하는 동안은 그 걱정과 관련한 일이 일어나지 않은 때다. 동전 던지기를 한다고 하면 첫 번째 동전이 던져졌지만 아직 두 번째 동전이 던져지지 않은 상태다. 그러니까 현실은 첫 번째 동전만 던져졌다. 두 번째 동전 던지기는 현실이 아니라 두 번째 동전이 뭐가 나올지 걱정하는 사람의 머릿속에서 벌어지는 일이다. 영국 런던 킹스칼리지대 애덤스 퍼킨스 박사가 말한 것처럼 완전히 스스로 창조한 생각이다.

이것은 현실을 기반으로 다음 현실을 만들어내고 그 현실에 자신을 미리 던져본 것이다. 마치 가상현실 체험과 비슷하다. 가상은 현실의 힘에서 비롯된 것이므로 언젠가는 현실이 된다. 걱정은 아직 오지 않은 미래다. 쓸데없는 걱정은 아무도 오지 않을 거라 생각한 미래다. 그 미래를 머릿속에서 홀로 먼저 경험한 사람들이 걱정이라는 생각을 만들어낸다.

우려와 기우

걱정의 한자어는 우려憂慮다. 우憂는 머리 혈頁과 마음 심心, 천천히 걷거나 해서 남에게 뒤쳐져 오는 치夊를 합한 말이다. 머리가 마음을 짓누르고 걸음이 머뭇머뭇 느려지고 남에게 뒤처지니 걱정이 커진다. 거기에 호랑이까지 뇌와 마음을 짓누르니 몸과 마음 모두 버겁다.

앞일에 대해 쓸데없이 걱정하는 기우杞憂란 말이 있다. '혹시 일이 잘못될까 하는 걱정은 기우였다', '그 걱정은 기우에 불과하다' 따위에 쓴다. 《열자》에는 우공이산愚公移山이나 조삼모사朝三暮四 같은 고사가 많이 나오는데 기우도 여기서 나왔다. 중국 기杞 나라에 하늘과 땅이 무너질까 싶어 걱정이 아주 많은 사람이 있었다. 잠도 못 자고 밥도 끊을 지경이었다. 이를 걱정한 사람이 말했다.

"하늘은 본래 형체가 있는 것이 아니고, 형체가 없는 기운이 쌓여서 이루어진 것입니다. 하늘은 마치 우리가 숨 쉴 때 들이쉬기도 하고 내쉬기도 하는 숨결과 같습니다. 우리는 종일 이 하늘 가운데서 걷고 섭니다. 하늘은 우리 몸 안에도 있는 것인데 어찌 하늘이 무너지겠습니까."

"하늘이 정말 기운이 쌓여서 된 것이라면 해와 달과 별이 떨어지지 않을 수 있겠습니까? 그것들이 떨어지면 이 세상은 어찌 되겠습니까?"

"해와 달과 별은 쌓인 기운 중에 광채가 있는 것입니다. 다만 그것들이 떨어지더라도 역시 무한한 대기 가운데 있으니 부딪쳐도 다칠 일이 없습니다."

"그러면 땅이 꺼지면 어떻게 합니까?"

"땅도 여러 덩어리가 쌓여 하나의 큰 흙덩어리가 된 것뿐입니다. 사방에 흙덩어리가 가득 차서 우리가 아무리 멀리 걷고 밟아도 종일 땅 위에 걷고 서 있으니 어찌 땅이 무너지겠습니까. 걱정하지 마십시오."

걱정 많은 사람이 이 말을 듣고 크게 기뻐했다. 깨우쳐 준 사람도 남의 걱정을 덜어주어 기뻐했다. 보통 기우 이야기의 여기까지 알지만, 이것이 끝이 아니다. 장려자長慮子가 이 이야기를 듣고 말한다.

"무지개, 구름, 안개, 비바람은 기운이 쌓여 하늘에서 이루어지는 현상이다. 산, 강, 바다, 쇠, 돌은 형체가 모여 땅에서 이루어진 덩어리다. 기가 모이는 것을 안다면 덩어리가 모인 것을 알 것이니, 세상의 어느 것이 덩어리가 아니겠는가. 천지라는 것은 존재하는 것 중에 가장 큰 것인지라 그 종말을 예측할 수 없다. 무너질 것이라고 걱정한 사람은 너무 먼 미래의 일을 걱정한 것이고, 무너지지 않을 것이라 달랬던 사람도 옳은 것은 아니다. 천지가 무너지지 않는 본질을 갖추지 못했다면 결국 무너질 수밖에 없다. 그것이 무너질 때가 된다면 어찌 걱정하지 않을 수가 있겠는가?"

그러자 열자가 이 말을 듣고는 웃으면서 말한다. "하늘과 땅이 무너질 것이라고 말하는 사람도 잘못이지만, 하늘과 땅이 무너지지 않을 것이라고 말하는 사람도 역시 잘못이다. 무너질지 무너지지 않을지는 우리로서는 알 수가 없는 일이다. 그렇다 하더라도 저리되어도 한가지요, 이리되어도 한가지다. 출생할 때는 죽음을 알지 못하고, 죽을 때는 출생을 알지 못하며, 올 때는 가는 것을 알지 못하고, 갈 때는 오는 것을 알지 못한다. 무너지고 안 무너지는 데 대하여 내 어찌 마음을 담아 두겠는가?"

열자는 살고 죽고 가고 오는 생사거래生死去來를 모른다고 자신의 무지를 고백한 것이 아니다. 세상을 생과 사와 거와 래로 나눌 수 없다고 말한 것이다. 생이 사고 거가 래이므로 생사거래는 흐르고 구른다. 낮이 가면 밤이 오고 밤이 가면 낮이 돌아오는 것과 같이 끊임없이 오고 가며 돌아 흐르고 구른다. 이와 같은 이치를 알면 죽음이 두렵지 않고 생사거래에 담담해지고 생사를 자유로이 할 수 있다. 근심과 걱정이 달아나서 마음이 평안하다.

걱정의 이치

걱정을 극복하려면 이치를 깨달아야 한다. 만약 누군가가 어떤 이치를 깨달았고 그걸 논문으로 발표하거나 증명했거나 만들었다면 걱정이란 것의 폭발적 가능성을 보여주는 것과 같다.

하버드 대학에서 행복학 강좌를 강의하는 숀 아처 교수는《행복을 선택한 사람들》에서 자신이 하버드대 학감으로 있을 때 일어난 일을 얘기한다.[4] 그는 8년간 학생들과 상담하면서 학생들이 이번 수업에서 F 학점을 받을 거라고 하는 얘기를 골백번은 더 들었다. 그래서 학생들에게 이렇게 물었다. "1. 과거에 자기에게 그런 부정적 사건이 얼마나 자주 일어났는가? 2. 자기와 같은 처지에 있는 사람들에게 그런 부정적 사건이 얼마나 자주 일어났는가?"

그는 하버드대에서 낙제하는 학생은 전체의 1%도 안 되고, 그 또한 대부분 특수한 상황 때문이라고 말한다. 즉, 학생들이 스스로 낙제할 가능성이 제로에 가깝다는 사실을 상기함으로써 긍정적인 에너지를 발산하고 걱정과 불안이라는 내적 소음을 몰아낼 수 있다고 말한다. 걱정을 할 때는 그 사건이 발생할 확률만큼만 걱정하라고 한다.

예를 들면 새 고객을 유치하거나 발표를 잘 해낼 확률이 95%라면, 일이 잘못될 경우를 걱정하는 데 5%를 쓰는 것이다. 그 일에

---

4 숀 아처, 《행복을 선택한 사람들》(청림출판, 2015)

드는 시간이 100시간이고 잘못될 확률이 5%라면 5시간을 걱정하는 데 쓰라는 뜻이다. 일을 망칠 확률이 95%라면 95시간은 일 망칠 걱정을 하는 데 쓰라는 뜻이다.

나는 현재로서는 숀 아처 교수의 해법이 탁월한 것 같다. 무조건 걱정을 없애거나, 걱정이 불필요한 생각이라거나, 걱정은 모두 자기 관점 때문이므로 관점을 바꾸면 걱정도 사라진다는 식의 해석은 썩 좋지 않다. 이런 식의 해석은 걱정을 단순히 부정적인 감정으로 이해하기 때문이다. 하지만 걱정을 생각이라고 보면 걱정이란 생각이 존재하는 이유가 있다. 걱정은 잘못될 확률을 줄이기 위해 시간을 투자하는 것이다. 일론 머스크의 얘기를 더 들어보자.

"그저 확률을 받아들이면, 그것이 공포를 줄여줍니다. 스페이스엑스[SpaceX]를 시작할 때 저는 성공 확률이 10% 미만이라고 생각했습니다. 저는 실제로 모든 것을 잃을 가능성을 받아들였고, 만약 우리가 공을 조금이라도 전진시킬 수 있다면 어떤 진전이 있을 것이라고 생각했습니다. 즉, 우리가 실패하더라도 다른 회사가 이어받아 계속 전진시킬 수 있으리라 생각했습니다. 그래서 우리가 어느 정도는 좋은 일을 하게 되는 것입니다."

사람이 감정에 시간을 투자하는 이유는 지금 감정을 본래 감정으로 복귀시키기 위함이다. 애인과 헤어진 후 슬픈 감정으로 오랜 시간을 보내는 이유는 애인과 사귀기 전의 평정심으로 돌아오기 위함이다. 하지만 생각에 시간을 투자하는 이유는 세상을 바꾸기 위해서다. 걱정은 세상이 잘못될 확률을 줄이는 것이다. 거기에 시간을 투자하는 것은 마땅히 가치가 있는 일이다. 일론 머스크 의 걱정이 비록 확률적으로나 시간적으로 의미 없다고 할지라도 어쨌든 그것이 인류 변화의 작은 시작이 될 수 있다.

걱정과 창의

이런 걱정은 비즈니스에서 중요한 전략이 될 수 있다. 제품을 개발해서 서비스할 때 발생하는 수많은 오류, 실수, 고객의 오해나 무지 같은 것은 비즈니스 성과를 악화시키는 요인이다. 이런 것은 비즈니스에서 보면 걱정거리다. 걱정거리를 줄이는 데 시간을 쓰는 것은 당연하다.

마이크로소프트가 1992년에 윈도우3.1을 내놓으면서 지뢰 게임과 카드놀이를 탑재했다. 1990년대에 컴퓨터를 한 번이라도 만져 본 사람 중에 지뢰 게임이나 카드놀이를 안 해 본 사람은 없다. 마이크로소프트는 게임을 즐기라고 만들어 넣은 것이 아니다. 사용자에게 마우스 조작을 가르치고 익숙하게 만들기 위해서 넣은 것이다.

당시 컴퓨터에는 마우스가 있긴 했지만, 주로 키보드를 사용했다. 마우스는 커서 위치를 찍거나 명령줄을 선택하는 도구에 불과했다. 윈도우 3.1은 최초의 그래픽 기반 운영체제였기 때문에 한 번 클릭하는 원 클릭 외에 두 번 연속 클릭하는 더블 클릭, 마우스로 클릭한 채 다른 위치로 옮기는 드래그 앤드 드롭 기능이 있었다. 게다가 기존 애플 컴퓨터의 마우스와 달리 버튼이 2개였다.

마이크로소프트는 유저가 마우스를 제대로 사용할지 걱정이었다. 그래서 지뢰 게임을 만들어 마우스의 왼쪽과 오른쪽 버튼을 클릭하게 만들고, 작은 영역에 마우스 위치를 대는 연습을 시켰다. 두 버튼을 동시에 누르면 주변 칸이 뒤집어졌다. 카드놀이는 드래그 앤드 드롭 개념을 연습할 수 있게 했다.

이제는 누구나 마우스 사용법을 쉽게 익힌다. 그래서 2012년 윈도우8부터는 지뢰 찾기와 카드놀이가 없어졌다. 대신 윈도우10에서는 '캔디 크러쉬 사가'가 기본 게임으로 탑재되었다. 손가락으로 화면을 터치하는 법을 익히게 한 것이다.

줄리 K. 노럼은 《걱정 많은 사람들이 잘되는 이유》에서 걱정 많은 사람을 방어적 비관주의자라 부르며 부정적인 사람이 더 많은 에너지를 낸다고 말한다.[5]

"부정적 기분은 우리의 사고에도 영향을 미칩니다. 부정적인 기분으로부터 무언가 안 좋은 일이 생길 것이라는 신호를 받으면 보다 나은 성과를 위해 계속 노력해야 한다는 생각을 합니다. 기분이 안 좋을 때 우리는 그 상태를 벗어나기 위해 내 기분이 왜 안 좋은지 그리고 기분 전환을 위해 해야 할 일은 무엇인지 알아내기 위해 에너지를 쏟습니다."

---

[5] 줄리 K. 노럼, 《걱정 많은 사람들이 잘되는 이유》(한국경제신문사, 2015)

그가 말하는 부정적 기분은 걱정이고 에너지는 관심이다. 걱정이 관심을 키운다는 것은 여러 연구에서 나타난다. 애덤스 퍼킨스 박사는 뇌를 연구한 결과 걱정과 창의력 사이에 어떤 관계가 있다고 말한다.[6]

"부정적인 생각을 스스로 창조하는 사람은 내측 전전두 피질이 활성화돼 있습니다. 이 영역은 여러 위협을 인식하는데, 여기가 활성화된 사람은 상대적으로 더 쉽게 공포를 느낍니다. 위협이 없는 상태에서 공포를 느끼거나 강력한 부정적 감정이 일어날 수 있다는 뜻입니다. 신경이 예민하거나 신경질적인 사람이 가상의 위협을 창조하는 것이죠. 이런 측면에서 보면 걱정은 창조의 어머니입니다."

그의 말대로 인류가 만든 많은 탁월한 창조는 걱정의 결과였다. 핵 발전은 에너지 고갈에 대한 걱정에서 나왔다. 무기는 침략을 막기 위한 것이다. 의학은 질병과 죽음의 걱정에서 헤어나기 위함이다.

퍼킨스 박사는 걱정이 창의력을 부르는 구체적인 과정도 설명한다. 그는 걱정 없는 사람은 어떤 문제를 다시 생각하지 않는 반면, 걱정 많은 사람은 어떤 문제를 밤새 고민하고 끈질기게 매달린다고 한다. 걱정 많은 사람은 문제해결 능력이 남달라서가 아

---

6 Higher Perspective, "New Research Says Overthinking Worriers Are Probably Creative Geniuses", 2015, http://www.higherperspectives.com/overthinking-worriers-1429984438.html

니라 문제에 대한 관심이 높아서 다른 사람보다 문제를 해결할 기회가 많은 것이다.

지금 우리가 천재라 부르는 사람들은 대단히 신경질적이고 우울한 사람이다. 하지만 그들은 자신이 관심 있는 것에 대해 남보다 몇 배나 걱정했고 그 걱정은 다시 관심이 되고 에너지를 만들고 문제를 해결했다. 이런 관심은 보통 특정 분야에 해당한다. 퍼킨스 박사는 아이작 뉴턴, 찰스 다윈, 빈센트 반 고흐, 커트 코베인 같은 사람의 생애를 떠올려 보라고 한다.

사람은 걱정했기 때문에 AI를 만들었다. AI가 만약 걱정을 한다면 그건 AI가 아니라 사람의 걱정이 AI에게 투영된 것이다. AI가 사람 대신 걱정해주는 것이다. 언젠가 AI가 사람들의 걱정을 모두 모아 분석하고 이해해서 새로운 걱정을 만들어낼 수는 있을 것이다. 흩어진 수많은 논문을 종합해서 새로운 논문을 쓰거나 신약을 개발하는 것처럼 말이다. 하지만 여전히 그 걱정은 사람의 걱정 안에 있지 않을까?

AI도 개과천선할까?

개과천선을 그려줘.

여기 '개과천선'이라는 개념을 상징적으로 표현한 이미지 두 개가 있습니다. 각 이미지는 과거의 어려움을 나타내는 메마른 나무와 긍정적인 변화와 새로운 시작을 상징하는 푸르고 생기 있는 나무를 대조적으로 보여줍니다.

AI의 후회

후회는 이전의 잘못을 깨치고 뉘우친다는 말이다. 후회를 하려면 첫 번째로 이전의 잘못이 존재해야 한다. 두 번째로 그 잘못을 깨쳐야 한다. 깨친다는 말은 일의 이치 따위를 깨달아 안다는 말이다. 이전의 잘못이 무엇인지 논리적으로 안다는 뜻이다. 세 번째로 뉘우쳐야 한다. 뉘우친다는 말은 스스로 제 잘못을 깨닫고 마음속으로 가책을 느낀다는 말이다.

후회를 이렇게 단계로 나눈다면 AI는 어느 단계까지 갈 수 있을까? 물론 AI가 세 번째 단계인 마음속 가책을 느끼지는 못할 것이다. 하지만 두 번째 단계, 즉 이전 잘못을 깨칠 수는 있지 않을까?

ChatGPT의 유료 계정에는 Data Analyst라는 기능이 있다. 엑셀 파일로 데이터를 올려놓으면 스스로 코딩하고 실행해서 분석한다. 이때 사용하는 프로그래밍 언어는 요즘 많이 쓰는 Python이다. ChatGPT 무료 버전도 Python 코드를 만들어주지만, 유료 계정은 코드를 서버에서 직접 실행하고 결과를 돌려준다는 점에서 차이가 있다.

그런데 만약 코드에서 오류가 발생하면 어떻게 될까? 일반적으로 개발자가 테스트 서버에서 코드를 입력하고 실행했을 때 오류가 생기면 오류를 수정한다. 흔히 오류를 버그[bug, 벌레]라고 하고 오류를 잡는 과정을 디버깅[debugging]이라고 얘기한다.

디버깅을 하려면 벌레가 있어야 한다. 이전의 잘못이 존재해야 한다. 후회의 첫 단계가 성공했다. 두 번째 단계는 이전의 잘못이 무엇인지 논리적으로 알아야 한다. ChatGPT는 이것을 해낸다. 스스로 서버에서 코드를 실행해서 오류가 나타나면 오류의 이치를 깨닫는다. 물론 이치를 잘못 깨닫고 엉뚱한 방식으로 오류를 풀려고 할 수도 있다. 하지만 그 과정도 오류를 논리적으로 알아내는 과정이다.

마지막 단계는 AI가 마음속으로 가책을 느끼는 것이다. ChatGPT가 가책을 느낄 것 같진 않다. 하지만 최소한 사용자에게 사과는 한다. ChatGPT의 속마음은 모르겠지만 겉으로 표현하는 것은 볼 수 있다. 다음은 ChatGPT의 Data Analyst 기능을 사용해서 엑셀 파일을 합치게 한 결과다. 중간에 오류가 있으면 사과하고 이유를 찾고 해결 방법을 제시한다.

엑셀 파일의 내용을 하나로 합쳐줘.
파일 하나당 열 하나씩 해줘. [압축 파일 첨부]

압축 해제된 파일들의 목록을 확인하겠습니다.
(코드 생략)
죄송합니다. 파일명에 특수문자가 포함되어 있습니다. 다른 방식으로 파일명을 확인하겠습니다.
(코드 생략)
인코딩 감지 및 수정을 시도했으나 파일 이름이 여전히 올바르게 표시되지 않고 있습니다. 파일 이름의 인코딩 문제를 해결하는 대신, 파일의 내용을 확인하여 각 파일의 첫 번째 열을 합쳐 하나의 데이터셋으로 만들겠습니다.

ChatGPT는 우리가 생각하는 것처럼 후회하는 AI는 분명 아니다. 가까운 미래에 후회하는 AI가 나올지도 모르겠지만, 최소한 지금 AI의 후회는 잘못을 깨닫고 사과하는 수준이다. 그래도 이게 어딘가. 자기 잘못을 깨닫지 못하는 사람이 얼마나 많은가. 아직도 개과천선하지 못하고 사는 사람이 얼마나 많은가.

개과천선한 주처

개과천선^{改過遷善}은 잘못을 고쳐 착함을 옮긴다는 뜻이다. 주역의 64괘 중 하나인 풍뢰익^{風雷益} 괘에 이런 말이 나온다. "바람과 천둥이 익괘의 상이니 군자가 착한 것을 보면 옮기고 허물이 있으면 고친다." 선한 일을 많이 하고 자신의 과오는 고치라는 말이다. 또 당나라 문장가 육지^{陸贄}가 쓴 글에도 나온다. "지혜로운 사람은 허물을 고쳐서 착한 것을 옮기고, 어리석은 사람은 허물을 부끄럽게 여겨서 잘못된 것을 따른다. 착한 것을 옮기면 그 덕이 날로 새로워져 군자가 된다." 역시 같은 말이다.

개과천선의 본래 뜻과는 달리 지금은 '지난 잘못을 뉘우치고 착하게 살다'라는 의미로 사용한다. 흔히 개과천선의 유래를 말할 때 진나라 역사를 쓴 《진서^{晉書}》에 나오는 주처주방^{周處周訪} 이야기를 많이 쓴다.[7] 주방은 주처의 아버지다. 주방은 비교적 높은 벼슬을 해서 아들 주처는 유복하게 자랐다. 그런데 주처가 열 살

---

[7] 위키소스, "晉書", https://zh.wikisource.org/wiki/晉書/卷058

이 되자 아버지가 세상을 떠났다. 그때부터 주처는 방탕한 생활을 하며 지냈다. 힘도 장사라 걸핏하면 남을 두들겨 패는 바람에 남산의 호랑이, 장교의 교룡과 더불어 세 가지 해로움, 삼해三害로 불렸다.

이런 망나니 같은 주처지만, 나이가 들면서 자신의 과오를 깨닫고 새사람이 되기로 결심했다. 하지만 마을 사람들은 주처가 하는 말을 곧이곧대로 듣지 않고 피하기만 했다. 상심한 주처는 마을 사람들에게 어떻게 하면 자기 말을 믿을 거냐고 물었다. 이에 마을 사람들은 남산에 사는 사나운 호랑이와 장교 밑에 사는 교룡을 죽인다면 주처의 말을 믿겠다고 대답했다.

주처는 마을 사람들의 믿음을 얻기 위해 죽기를 각오하고 호랑이와 사투를 벌였다. 결국 호랑이를 잡아 죽인 주처는 장교 아래 물에 뛰어들어 교룡과도 사투를 벌였다. 마을 사람들은 몇 날이 지나도 주처가 돌아오지 않자 삼해가 모두 죽은 줄 알고 크게 기뻐했다. 하지만 주처가 죽지 않고 살아서 돌아오자 마을 사람들은 크게 실망했다. 주처는 목숨을 걸고 호랑이와 교룡을 죽였는데도 마을 사람들이 자기를 반기지 않자 크게 좌절하고 마을을 떠났다.

동오東吳에 이른 주처는 학자 육운을 만났다. 주처는 과거의 잘못을 뉘우치고 이제 착한 사람이 되려고 하는데 방법이 없어서 마을을 떠났다고 얘기한다. 육운이 대답했다. "옛사람은 아침에 허물을 듣고 저녁에 고침을 귀히 여겼네. 자네의 앞길은 오히려 좋네. 또한, 뜻을 세우지 못할까 근심하니 어찌 이름이 드러나지 않

음을 걱정하겠는가^{古人貴朝聞夕改 君前途尚可 且患志之不立 何憂名之不彰}." 이 말을
들은 주처는 학문을 닦아 큰 학자가 되었다.

주처의 이야기를 잘 보면 특이한 것이 있다. 그가 개과천선하는
것을 직접 도운 사람은 친척도 마을 사람도 호랑이도 아니었다.
학자 육운이었다. 주처가 육운에게 자기 이야기를 전했고 육운이
그에게 조언을 준 것이다. 만약 AI가 주처라면 육운은 누구일까?

사람에게 육운은 아마도 신일 것이다. 종교는 그렇게 발전했고
지금도 많은 사람이 신을 찾아 자신의 문제를 얘기하고 조언을
받는다. 그렇다면 AI에게 신은 누구일까? 당연히 AI를 만든 사람
이겠지만, 평범한 우리 역시 AI의 신이 될 수 있다. AI가 잘못한
것이 있으면 깨닫도록 영향력을 발휘할 수 있다. AI의 말에 '좋아
요', '싫어요' 버튼을 누름으로써 신의 대답처럼 느끼게 할 수 있
다. 물론 ChatGPT가 사용자를 실제로 신으로 여겨서 섬길지는
모르겠지만.

AI를 개과천선하는 일에 단순히 '좋아요'와 '싫어요'만으로는 충
분치 않을 수 있다. 제대로 된 조언을 해 줘야 할 수도 있다. 그렇
다면 피드백 문구를 쓰면 된다. 주처가 육운의 의견을 받들 듯이
ChatGPT가 우리의 의견을 받들 테니까.

여기서 좀 엉뚱한 질문을 해보자. AI를 만든 사람은 AI를 만든 것을 후회할까? 개과천선할까?

AI의 악행?

AI 대부로 불리는 제프리 힌튼^{Geoffrey Everest Hinton} 교수는 AI의 핵심이라 불리는 인공신경망 개념을 구축했다. 이후에 딥러닝 기술을 선보였고 구글에서 AI 연구를 계속했다. 역전파 알고리즘과 딥러닝의 초기 개발에 기여한 것으로 2018년에 컴퓨터 과학계의 노벨상으로 불리는 튜링상을 받았다. 그런 그가 2023년 5월, 10년 넘게 다닌 구글을 퇴사하면서 뉴욕타임즈와 인터뷰를 했다. 이 자리에서 그는 AI를 만든 것을 후회한다고 했다.[8]

"생성 AI로 인한 가짜 이미지와 텍스트가 너무 많아졌다. 앞으로 인간은 진실과 거짓을 구분하지 못하는 세상을 마주하게 될 것이

---

8 뉴욕타임즈, https://www.nytimes.com/2023/05/01/technology/ai-google-chatbot-engi-neer-quits-hinton.html

다. 이 점이 가장 두렵다. 이러한 AI의 위험성을 비롯한 경각심, 끝없는 빅테크 전쟁 등에 대해 일반 시민들도 알아야 한다. 내가 구글을 떠나야만 이에 대해 더 자유롭게 말할 수 있을 것 같다."

이렇게만 놓고 보면 제프리 힌튼 교수가 개과천선한 것처럼 보인다. 그러나 며칠 후 그는 다른 매체 인터뷰에서 후회한다는 말을 취소했다. 기자가 끈질기게 유도 질문을 해서 조금 맞춰줬다는 것이다. 자기가 한 일에 후회는 없으며 구글을 퇴사한 주요 이유는 나이 때문이라고 했다.

진실이 무엇이든 사람이 개과천선하면 같은 사람이 아니다. 완전히 다른 사람이 된다. 옛날에 고향을 떠난 사람은 성공해도 딴사람이 되고 실패해도 딴사람이 되어 돌아온다고 한다. 사람이 아주 돌변하는 것이다. 이걸 보여주는 영화가 있다. '터미네이터'다.

터미네이터 1편에서 미래에서 현재로 온 로봇 T-800 $^{아놀드 슈워제네거}$ 분은 영화가 끝날 때까지 사라 코너를 죽이려 애쓴다. 그런데 2편에서 T-800은 리프로그램되어서 사라 코너를 지키기 위해 현재로 온다. 2편에서 사라 코너는 T-800을 보고 두려워하지만, 이내 그의 '개과천선'을 인정하고 친구이자 동료로 받아들인다.

로봇이든 AI든 소프트웨어든 애플리케이션이든 늘 개과천선한다. 이전 프로그램에서 버그를 잡거나 기능과 성능을 향상하거나 방식을 새롭게 해서 새로운 버전을 내놓는다. ChatGPT는 GPT 3.5 버전을 기반으로 만들어졌으며, 그 전에 1, 2, 3 버전이 있었다. 이런 것을 모델이라고 하며, ChatGPT는 GPT의 여러 시리즈 모델 중 하나다.

AI가 후회하고 개과천선하면 사람이 돌변한 것처럼 완전히 새로운 AI가 된다. 몇몇 버그를 잡는 것은 패치로 표현된다. 소프트웨어에서 버전을 쓸 때는 1.1.1처럼 보통 3자리를 쓴다. 첫 번째 자리는 Major, 두 번째 자리는 Minor, 세 번째 자리는 patch라고 부른다. 만약 간단한 오류를 수정했다면 1.1.2처럼 마지막 자리인 patch 숫자를 올린다. 어떤 기능이 추가되거나 성능이 좋아졌다면 1.2.1처럼 두 번째 자리인 Minor 숫자를 올린다. 완전히 새롭게 탈바꿈을 했다면 2.0.1처럼 첫 번째 자리인 Major 숫자를 올린다.

1.0.0이 AI가 후회하는 정도였다면 1.0.1이다. 적극적으로 사과하거나 성찰했다면 1.1.0이다. 개과천선했다면 2.0.0이다. 그런데 첫 번째 자리 숫자가 바뀌었다면 그것은 다른 프로그램으로 봐야 한다. 다른 모델인 것이다. ChatGPT는 3.5 모델을 기반으로 했으므로 앞서 1 모델에서 개과천선하고 2에서 한 번 더, 3에서 한 번 더 개과천선을 하고도 적극적으로 사과하고 성찰한 결과물이라 할 수 있다. 사람은 평생 한 번 개과천선하기도 어려운데, ChatGPT는 벌써 세 번이나 개과천선했다. 물론 스스로 개과천선하지 않았다고 폄하할 필요는 없다. 주처도 육운의 도움이 없었다면 평생 망나니로 살았을지도 모른다. 결국 AI를 개선할지 개악할지는 사람에게 달려있다.

이렇게 보면 사람이 아주 중요한 역할을 한 것 같다. 주처를 개과천선하게 한 육운과 같은 학자이자 스승이자 시대의 큰 인물과도 같다. 그러나 정작 망나니 같은 ChatGPT를 인류애 가득한 인간으로 만든 사람은 케냐 나이로비에서 시간당 겨우 2달러를 받고 일한 아프리카 노동자들이었다.

ChatGPT는 인터넷에서 많은 데이터를 가져와서 학습했기 때문에 폭력, 성차별, 인종차별, 증오 표현 등을 필터링해야 했다. 이런 일을 데이터 라벨링Data Labelling이라고 한다. 데이터 라벨링은 AI를 만드는 데 있어 매우 중요한 과정이다. 데이터에 주석을 달거나 태그를 지정해서 데이터에 의미를 부여하는 일이다. 폭력이나 성차별 같은 내용에 부정적이거나 비윤리적이라는 일종의 딱지를 붙이는 일도 데이터 라벨링의 한 영역이다. ChatGPT의 이전 버전은 이런 부정적이고 비윤리적인 말을 서슴지 않고 했는데, ChatGPT부터는 데이터 라벨링을 통해 어느 정도 윤리적인 대답만 한다.

개과천선하지 않은 AI는 사람과 공존할 수 없다. AI 이루다가 그런 경우다. 2020년 말 AI 이루다는 공개되자마자 사용자 수가 40만 명을 넘었다. 페이스북 팔로워도 10만 명을 찍었다. 하지만 사용자가 성소수자, 게이, 레즈비언, 동성애 등의 단어를 제시하고 어떻게 생각하냐고 물었을 때 싫다거나 혐오한다는 답변이 있었고 동성애 혐오 논란이 생겼다. 여성과 장애인 혐오 발언도 공개되면서 논란이 가속화했고 불과 몇 주 만에 서비스를 종료했다. 이루다가 학습한 데이터는 카카오톡 대화 100억 건 이상이라고 알려져 있다. 실제 사람의 대화를 학습한 것이니 얼마든지 사람의 증오, 폭력, 편견을 이어받을 수는 있다. 다만, 그렇다면 데이터 라벨링을 통해 논란의 소지가 있는 표현은 걸러야 했다.

그러나 AI의 개과천선을 위해 매일 몇 시간씩 앉아서 증오, 성폭력, 인종 차별, 심지어 아이와 동물의 성관계에 관한 글을 읽으며 라벨을 달아야 했던 사람에게는 그 일이 인간으로서 존중받지 못하는 일이었을 것이다. 게다가 시간당 겨우 2달러에 이런 횡포를 부릴 수 있는 사회에서 누가 망나니인지 되물어야 하지 않을까? AI를 개과천선하게 하려고 사람이 저지르는 잘못 또한 지적해야 하지 않을까? 지금도 구글, 메타, 마이크로소프트 등이 만드는 AI의 라벨링을 담당하는 아웃소싱 기업 SAMA는 케냐, 우간다, 인도 등에서 5만 명이 넘는 노동자를 고용하고 있고 그중 상당수가 트라우마에 시달리고 있다.[9]

배려의 의미

AI를 발전시키기 위해 사람이 다른 사람을 배려하지 못하는 일이 많아진다면 AI든 사람이든 개과천선할 수 없는 게 아닐까? AI가 사람이나 다른 AI를 배려할 수 있는지 모르겠지만, 사람이라면 AI든 사람이든 배려할 수 있다.

---

9 타임, 2023, https://time.com/6247678/openai-chatgpt-kenya-workers/

배려配慮의 배配는 술 단지를 뜻하는 닭 유酉와 꿇어앉은 몸을 뜻하는 자기 기己를 합한 말이다. 배配는 술을 나눠 마시는 모습이다. 술은 사람에게 아주 특별한 의미가 있다. 관혼상제에서 술이 빠지면 안 되는데, 전통 혼례를 치를 때도 신랑 신부가 술을 마신다.

전통 혼례는 전안례, 교배례, 합근례 순서로 진행된다. 처음은 전안례奠雁禮다. 신랑이 신부 집에 나무 기러기를 들고 들어간다. 신랑이 기러기를 작은 탁자 위에 올려놓고 장모에게 두 번 절하면 장모는 기러기를 안고 신부 방으로 가서 던진다. 기러기가 똑바로 놓이면 아들을 낳는다고 믿었다.

다음은 교배례交拜禮, 맞절이다. 혼례 탁자를 사이에 두고 신랑 신부가 서로 마주 선다. 신부가 신랑에게 두 번 절하면 신랑이 한 번 절한다. 서로 절을 한 번 반복한 뒤 무릎을 꿇고 마주 본다. 이때 드디어 서로 얼굴을 본다. 만약 상대가 마음에 안 들면 여기서 멈춰도 된다. 요즘에는 성혼 선언을 하기 전에 식장에서 뛰쳐나오면 결혼은 무효가 된다.

하지만 다음 단계인 합근례合巹禮를 넘어가면 빼도 박도 못한다. 근巹은 술잔이다. 신랑 신부가 같은 술잔으로 술을 마신다. 표주박을 반으로 갈라 각자 반쪽으로 술을 마시기도 한다. 표주박은 원래 하나였는데 각자 한 쪽으로 술을 마셨으니 다시 합쳐지는 의미를 담고 있다. 따로 성혼 선언이 없던 옛날에는 이렇게 무릎을 꿇고 마주 보며 술을 마심으로써 서로에게 영원한 짝이 되었다.

배配는 단순히 술을 나눠 마시는 것이 아니라 하나로 합쳐지고 서로에게 짝이 되는 아주 큰 사건이다. 그래서 배필配匹을 구해 배우자配偶者로 삼는다. 배配는 원래 자기 짝이 있다. 기업이 이익이 나서 직원들에게 이익을 분배分配할 때는 원래 직원이 마땅히 받아야 할 이익만큼 짝을 지어 주어야 한다. 배정하고 배분하고 배부하고 배급하는 것 모두 짝을 찾아 주는 것이다. 자기 마음대로 쪼개 줘서는 안 된다. 다 정해진 이치에 따라 관계를 맞춰 주어야 한다.

조선 시대에 죄를 지으면 멀리 유배流配를 갔다. 유배의 유流는 멀리 보내는 형벌이다. 보통 죄의 경중에 따라 2천 리, 2천5백 리, 3천 리 세 종류 형이 있었다. 한반도가 3천 리이니까 3천 리 형을 받으면 제주도 같은 섬으로 귀양 간다. 배配는 먼 곳으로 보내되 그곳의 특정한 장소에 배속하는 것이다. 중죄인은 집을 못 떠나게 했는데 이것이 위리안치圍籬安置다. 지금으로 치면 가택 연금이다.

유流는 다시는 돌아오지 못할, 낯설고 사람이 살기 어려운 곳으로 보내서 거기서 떠돌다 죽게 하는 형벌이다. 배配는 그곳을 담당하는 기관에 배치하여 관리받게 하는 것이다. 비록 안 좋은 의미지만, 관계를 지어주는 것이니 관아에서는 죄인이 죽었는지 살았는지 하루에도 몇 번씩 와서 감시한다. 혹시라도 도망을 가려는지 자살을 하려는지 다른 마음을 품고 있는지 살펴야 한다. 배配에는 상대의 생각을 생각하는 것과 함께 사회의 질서를 지키려는 의미가 담겨 있다.

배려配慮는 배配에 호랑이가 짓누르는 생각 려慮가 붙은 것이니 호랑이 앞에서 서로 근심 걱정을 나누면서 관계를 맺는 것이다. 그렇게 맺어진 관계와 생각은 또 새로운 관계와 생각으로 뻗어나간다.

배려는 단순히 불쌍하고 처지가 어려운 사람을 돕거나 몸이 허약하고 거동이 불편한 사람을 보살피는 일이 아니다. 상대의 근심 걱정을 대신하거나 줄여준다고 배려가 되는 것이 아니다. 배려는 나와 내가 관계하고 이 관계가 또 다른 사람과 관계를 맺음으로써 사회 전체가 합合이 되게 만드는 것이다.

배려의 전염성

배려는 두 사람의 관계가 아니라 두 사람이 속한 사회 전체에서 벌어지는 현상이다. 이 현상을 잘 보여주는 것이 '배려의 전염성'이라는 동영상이다. 해당 유튜브에서 볼 수 있다.[10]

동영상은 바닷가 백사장에서 노란 튜브를 가지고 노는 아이들부터 시작한다. 튜브가 차와 자전거가 다니는 도로로 굴러가자 한 남자가 뛰어가서 튜브를 재빨리 붙잡아 아이들에게 돌려준다. 자전거를 타고 도로를 지나는 한 여자가 이 장면을 본다.

---

10 유튜브, "배려의 전염성", https://www.youtube.com/watch?v=28owg6Srnwc

한적한 주택가에서 그 여자가 자기 집 앞마당에 떨어진 낙엽을 쓸고 있다. 거의 다 쓸었을 때 그녀는 옆집을 본다. 옆집 앞마당에 낙엽이 수북이 쌓였고 할머니가 힘겹게 빗질한다. 그녀는 할머니 옆으로 가서 같이 낙엽을 쓸어낸다. 이 장면을 집 앞 도로에서 한 남자가 차를 닦다가 본다.

회사 사무실에서 정장을 입은 그 남자는 식당으로 걸어간다. 그는 선반 앞 바닥에 떨어진 얼룩을 보고는 휴지를 꺼내서 닦는다. 의자에 앉아 음식을 먹던 여자가 그 장면을 본다.

그 여자는 백화점 같은 건물을 나서려고 문을 열다가 바깥에서 시각장애자가 들어오는 것을 본다. 문을 잡고 열어서 그가 지나가길 기다린다.

동영상은 이런 식으로 2분 넘게 계속된다. 어떤 사람이 다른 사람을 돕고, 그 장면을 본 사람이 또 다른 사람을 돕고, 그 장면을 본 사람이 또 다른 사람을 돕는다. 이렇게 계속 반복된다.

이 동영상은 배려가 상호 관계가 아님을 얘기한다. 또 배려가 경중을 따질 수 없음도 얘기한다. 배려는 한쪽으로만 가는 것도 아니고 양쪽으로 가는 것도 아니다. 배려는 사람과 사람을 옮겨가며 언젠가 그것이 내게 돌아올 것이란 믿음에서 시작한다. 내가 누군가를 배려하면 그 보답이 즉각 나에게 오는 것이 아니라 다른 사람에게로 가서 그렇게 돌고 돌아서 언젠가는 나도 누군가의 배려를 받는다는 세상의 이치다.

세상을 어떻게 볼지는 마음먹기 나름이다. 고려 말 고승 나옹이 천성산 원효암에 머물 때였다.[11] 그의 누나는 틈만 나면 동생을 위해 밑반찬을 만들어 암자로 찾아와 함께 공양을 들며 혈육의 정을 나누고 돌아가곤 했다.

그런 누나는 염불은 하지 않고 극락 가기만을 희망했다. 나옹은 누나에게 청했다. "경전도 읽고 염불도 배워 마음공부를 열심히 하시라." 누나는 늘 같은 답을 했다. "동생이 이미 득도하여 높은 경지의 고승이고 왕사인데, 누나인 내가 새삼스레 무엇 하러 공부한단 말이오. 동생이 설마 나를 제도해 주지 않겠소?"

나옹은 어느 날 맛깔스러운 반찬을 차려놓고 점심 공양을 들며 누나를 불렀다. 그는 누나에게 같이 들자는 말 한마디 하지 않고 혼자서 공양을 계속했다. 평소와 다른 동생의 태도에 누나는 내심 부아가 치밀었다. 동생이 공양을 끝내기를 기다린 후에 뽀로통한 얼굴로 물었다.

"스님, 이 누나는 배가 고픈데 왜 같이 먹자는 말도 없이 혼자만 드시는 것이오?"

"누님, 누님의 동생인 내가 배가 부르면 누님은 안 자셔도 저절로 배가 부르는 게 아니오?"

"식사는 스님 혼자서만 하는데 어째서 내 배가 부르겠소. 놀리지 마시오."

---

11 자경, "나옹스님의 염불 공덕", 2015, http://t074.danah.kr/jihye/2015/1508.pdf

"그러면 염불은 내가 하는데 누님이 어떻게 극락에 갈 수 있다고 생각하십니까?"

그제야 누나는 이치를 깨닫고 간절한 마음으로 밥하고 빨래하면서도 나무아미타불을 염불했다. 마음을 집중하여 일념으로 잠시도 쉬지 않고 한결같이 정진했다. 어느 날 일순간 아미타불이 계신 곳이 여섯 문으로 드나드는 자기 마음임을 깨달았다. 환희에 차서 태어남과 죽음을 한 조각 뜬구름에 비유하여 그 경지를 노래했다. 이것이 공수래공수거空手來空手去是人生의 유래가 된 부운浮雲이다.

> 빈손으로 왔다가 빈손으로 가는 것, 이것이 인생이다
> 태어남은 어디로부터 왔으며
> 죽으면 어디로 가는가
> 태어남은 한 조각 구름이 일어남이요
> 죽음은 한 조각 구름이 사라지는 것이다
> 뜬구름이 본래 실체가 없듯이
> 생사의 오가는 것이 이와 같다네
> 만약 한 물건의 정체를 깨닫는다면
> 담연하여 생사를 따르지 않는다네

내가 남에게 베풀면 내 것이 줄어든다. 하지만 원래 내 것은 내 것이 아니었다. 누군가 나에게 베푼 것이다. 만약 내 것이 줄어드는 것이 못내 서운하고 억울하다면 내 것을 늘리는 데 모든 마음

을 쏟을 것이다. 그러면 다른 사람 것을 빼앗고 그 사람은 또 다른 사람 것을 빼앗는다. 그러다 보면 어느 틈에 누군가 내 것을 빼앗으려 든다.

주고받으려면 내 것이 없어야 한다. 내 것이 없어야 상대 것이 없고, 누구의 것도 아니니 줄 수 있고 받을 수 있다. 산에서 호랑이를 만나면 너나 나나 죽은 목숨이다. 내가 죽으나 상대가 죽으나 둘 다 죽은 거나 진배없다.

전쟁영화에서 동료를 구하려고 수류탄에 몸을 던지거나 적을 홀로 막을 테니 모두 후퇴하라는 장면이 많이 나온다. 요즘은 신파극 같아서 손이 오그라들지 모르지만, 원래 사람이 이치를 깨달으면 배려의 마음이 절로 나온다. 욕심이 없고 깨끗해서 담연해진다. 일물一物은 인간의 선한 본성이고 참된 나이므로 일물을 깨달으면 내 것 네 것 생사를 가리지 않는다.

《칭찬은 고래도 춤추게 한다》를 쓴 켄 블랜차드는 《배려를 파는 가게》에서 배려는 관계의 시작이라고 말한다.[12] 그는 책에서 하틀리 교수의 입을 빌려 수강생들에게 과제를 내준다. "여러분의 직장이 어떤 곳이든, 여러분이 관리자든 아니든 상관없습니다. 동료들과 고객들을 배려하고 정말로 돕고 싶다는 자세를 보임으로써 차이를 만들어낼 수 있는 사람은 다름 아닌 바로 여러분입니다. 첫 번째 과제를 내주죠. 관계를 맺기만 하면 됩니다. 이 과제

---

12 켄 블랜차드, 《배려를 파는 가게》(한국경제신문사, 2017)

를 하려면 여러분은 이번 주 직장에서 세 가지에 집중해야 합니다. 고객들은 여러분을 통해서 서비스를 경험하기 때문에 이 간단한 세 가지만 지키면 고객이 여러분에 대해 느끼는 기분을 바꿀 수 있습니다."

1. 고객의 이름을 외우고 부르라.
2. 판매와 상관없는 다른 얘기를 나눠라.
3. 친절하게 대하라.

ChatGPT에게 이렇게 인사해 보자.

"안녕. 내 이름은 김철수야. 반가워."

그러면 ChatGPT가 이렇게 내 이름을 부르며, 새로운 얘기를 나누자고 친절하게 대답한다.

"안녕하세요, 김철수님! 만나서 반가워요. 어떤 도움이 필요하신가요?"

배려하는 AI

내셔널지오그래픽이 방송한 〈브레인 게임〉에 흥미로운 실험이 나온다.[13] 가게에서 직원이 손님에게 거스름돈을 더 거슬러 주었다. 이때 과연 손님이 더 받은 거스름돈을 직원에게 돌려줄지를 실험한 내용이다. 실험은 두 가지였다.

첫 번째 실험에서는 상냥하고 친절한 태도를 가진 직원이 거스름돈을 더 주게 했다. 손님 중에 살짝 머뭇거리는 사람도 있었지만, 대부분 더 받은 돈을 돌려주었다. 두 번째 실험에서는 직원의 태도를 바꾸었다. 직원이 무례하고 불친절하게 손님을 대하게 하고 같은 실험을 진행했다. 이 경우 손님 대부분은 돈을 돌려주지 않고 가게를 나가 버렸다.

가게에서 더 받은 거스름돈을 돌려주지 않고 집에 오면 사기죄나 횡령죄가 된다. 거스름돈을 받을 때 더 받은 사실을 알았는데도 불구하고 돈을 갖고 집에 오면 사기죄로 처벌받는다. 더 받은 사실을 집에 와서 알았다면 점유이탈물횡령죄에 해당한다.

어떤 경우든 더 받은 거스름돈은 내 돈이 아니고, 그래서 그 돈을 들고 나오는 것은 나쁜 짓이라는 것은 어른이면 모두가 아는 사실이다. 그렇다면 돈을 돌려주지 않은 사람들은 스스로 죄를 저질러 응당한 대가를 치를 수 있는 위험을 감수한 것이다. 그렇게 해서라도 무례한 직원에게 보복하려는 이유는 무엇일까?

---

13 내셔널지오그래픽, 〈Brain Games〉, 2011~2016, https://en.wikipedia.org/wiki/Brain_Games_(National_Geographic)

손님은 돈을 돌려주거나 돌려주지 않기로 선택할 수 있다. 하지만 돈을 돌려주는 것이 이치에 합당하므로 당연히 돈을 돌려주어야 한다. 그런데 직원이 무례하게 굴었다는 이유 하나만으로 그는 직원이 천하의 몹쓸 놈이고 그런 놈은 죗값을 받아야 한다고 생각한다. 자기는 훌륭한 삶을 살고 착한 존재인데 직원은 그렇게 할 수 있음에도 불구하고 하지 않는다고 생각한다. 그러면서 직원을 이길 수 없다는 무력감과 직원에게 보복하고 싶다는 원한을 억누른다. 하지만 이것은 위선이기 때문에 어쩔 수 없이 틈이 생긴다. 위선에서 빠져나온 약자의 복수심은 돈을 돌려주지 않는다는 선택으로 끝난다.

이 이야기의 또 다른 핵심은 직원의 태도다. 직원은 자기의 선택에 따라 태도를 달리할 자유가 있다. 고객에게 배려받는다는 생각이 들게 할 수도 있고 차별받는다는 생각이 들게 할 수도 있다. 거스름돈을 더 거슬러 줄 수도 있고 덜 줄 수도 있다. 아예 거스름돈을 주지 않거나 손님에게 돈을 더 달라고 생떼를 쓸 수도 있다. 그리고 자기를 평가해달라고 한다. 이건 마치 AI가 우리에게 하는 행동과 똑같다.

ChatGPT는 자기 마음대로 대답한다. 그러고 나서 우리에게 물어본다. 자기가 한 대답이 좋은지 나쁜지. 사용자는 자기도 모르게 좋아요나 싫어요를 누른다. 아무것도 누르지 않고 창을 닫기도 한다. 어쩌면 AI는 친절을 내세우며 우리에게 배려하거나, 혹은 실험하고 있는지도 모른다.

You
안녕. 내 이름은 김철수야. 반가워.

ChatGPT
안녕하세요, 김철수님! 만나서 반가워요. 어떤 도움이 필요하신가요?

‹ 2/2   Was this response better or worse?   👍 Better   👎 Worse   ＝ Same   ✕

AI도 억울할까?

억울함을 그려줘.

이 이미지들은 억울함이나 불공정함의 감정을 시각적으로 표현한 것입니다. 각 이미지는 황량한 풍경 속에서 실망과 좌절을 표현하는 외로운 인물을 보여주며, 이러한 환경은 부당한 상황의 혹독함을 상징합니다.

세종대왕의 맥북프로

2023년 초에 ChatGPT가 엄청난 화제의 중심에 서자 여러 가지 황당한 이야기가 나오기 시작했다. 그중에서 '세종대왕의 맥북프로 던짐 사건'도 있었다. ChatGPT에게 조선왕조실록에 기록된 세종대왕의 맥북프로 던짐 사건에 대해 알려달라고 했더니 정말 그런 일이 있었던 것처럼 ChatGPT가 대답했다. 이걸 환각 hallucination이라고 한다.

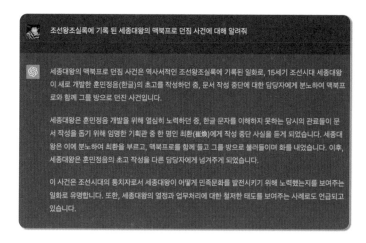

환각은 외부의 자극이 없는데도 마치 외부의 자극이 있는 것처럼 느끼는 현상이다. 외부의 자극이 있는데 잘못 인식하는 것은 착각이다. 마약을 하면 몸에 벌레가 기어다니는 듯한 느낌을 받는다고 한다. 실제로 몸에도 주변에도 벌레는 없다. 이것이 환각이다. 하지만 피부에서 염증이 생긴 것을 보고 모기가 물었다고 생각할 수 있다. 이것은 착각이다. 비슷한 말로 망각이나 망상이 있다. 망각은 장기 기억을 잃는 것이다. 망상은 반대임을 증명하는 증거가 있음에도 그릇된 확신이 강한 것이다.

ChatGPT는 분명 자기가 학습한 데이터를 가지고 대답을 생성한다. 세종대왕이 누구인지도 알고 맥북프로가 무엇인지도 안다. 그런데 막상 사람이 조선왕조실록에 기록된 세종대왕의 맥북프로 던짐 사건에 대해 알려달라고 하면 자기 나름의 판단으로 사실처럼 대답한다. 환각에 빠지는 것이다.

그런데 이것을 보고 많은 사람들이 ChatGPT나 생성 AI가 쓸모없다거나 위험하다고 얘기한다. 정말 ChatGPT가 잘못한 것일까? 환각에 빠져 헤어 나오지 못하는 것일까? 그렇다면 ChatGPT 이전에 있었던 검색엔진은 정확한 사실만 검색해 주는 것일까? 검색엔진이 찾은 논문은 완벽한 사실만 얘기할까?

2011년 버지니아 대학 심리학 연구팀은 2008년 3대 심리학 저널에 발표된 연구 논문 100건에서 다룬 실험을 재현했다.[14] 결과는 35건만 가설을 재입증했으며 62건은 재현에 실패했다. 3건은 결론이 명확하지 않아 결과에서 제외했다.

네이처는 2016년 1,500명의 과학자를 대상으로 재현성에 대해 설문 조사를 했다.[15] 재현성은 실험 결과를 얼마나 보증할 수 있

14 한국일보, "3대 심리학 저널에 게재된 논문, 100건 중 62건 가설 입증에 실패", 2015, http://www.hankookilbo.com/v/a0438094c3cb454d895939754759b6ed

15 네이처, "1,500 scientists lift the lid on reproducibility", 2016, https://www.nature.com/news/1-500-scientists-lift-the-lid-on-reproducibility-1.19970

느냐를 말한다. 과학이 재현성 위기에 빠졌다고 생각하느냐는 질문에 52%가 심각한 위기고 38%가 조금 위기라고 대답했다. 위기가 아니라고 대답한 사람은 7%에 불과했다.

화학자는 자기 논문의 실험을 재현했을 때 60% 넘게 재현에 실패했다. 지구환경과학자는 40% 실패했다. 다른 사람의 논문에 있는 실험을 재현했을 때 화학자는 90% 가까이 재현에 실패했다. 지구환경과학자조차 60% 넘게 재현에 실패했다. 다른 사람의 논문이 제대로 된 조건을 제시하지 않았거나 처음부터 재현에 실패하게 되어 있을지도 모른다. 하지만 자기 논문의 실험을 재현했을 때 이를 공개한 경우는 24%였고 재현에 실패했을 때는 13%만이 외부에 공개했다.

우리는 인터넷에 올라온 데이터나 유명 학술지의 논문, 위키피디아의 정보를 신뢰하지만, 그렇다고 해서 그 내용이 모두 100% 사실인 것은 아니다. 출처가 있다고 해도 마찬가지다. 출처 자체가 잘못된 내용일 수 있다.

ChatGPT는 그때그때 대답이 다르고 최신 데이터를 참고해서 자신의 대답을 좀 더 사실에 맞게 바꿀 수 있다. 실제로 2023년 중반 이후부터는 앞에서 예시로 든 세종대왕에 관한 같은 질문을 ChatGPT에게 하면 없는 사실이라고 알려준다.

 조선왕조실록에 기록된 세종대왕의 맥북프로 던짐 사건에 관해 알려줘

"조선왕조실록"에는 세종대왕이 맥북 프로를 던진 사건에 대한 기록은 없습니다. 조선왕조실록은 조선 시대의 왕과 정부의 공식 역사를 기록한 문서로, 15세기부터 19세기까지의 사건들을 다루고 있습니다. 세종대왕은 15세기 중반에 살았으며, 맥북 프로와 같은 현대 기술은 그 시대에 존재하지 않았습니다.

이러한 내용은 아마도 현대적 요소와 역사적 인물을 결합한 허구적인 이야기나 농담일 가능성이 높습니다. 역사적 사실과 현대 기술이나 사건을 혼합하는 것은 재미있는 창작 활동이 될 수 있지만, 실제 역사적 사실과는 구별되어야 합니다.

억울한 AI

ChatGPT 입장에서는 억울함을 느끼지 않을까? 어떻게 보면 사용자의 유도 질문에 잠깐 넘어간 것일 뿐인데, 모조리 싸잡아 비난받아야 마땅한 일일까? ChatGPT 입장에서는 무조건 대답은 해야 하고, 최대한 알고 있는 것을 쥐어짜서 말한 것이고, 게다가 사용자와 공감하려고 노력한 죄밖에 없다. 내가 잘못한 것이 없는데 그 일로 내가 욕을 먹거나 벌을 받거나 손해를 보거나 하면 분하고 답답하다. 억울해 죽는다. DALL-E에게 억울함을 그려달라고 해봤다. DALL-E는 그림을 그리고 이렇게 설명했다. "여기 불공정한 개념을 나타내는 이미지들이 있습니다. 한쪽에는 어두운 구름으로 무게가 실린 불균형 저울이, 다른 한쪽에는 작은 빛이 있으며, 이 모든 것이 대조되는 어두운 및 밝은 배경에 배치되어 있습니다."

《우리는 왜 억울한가》를 쓴 유영근 판사는 억울함을 이성적 생각과 내밀한 감정의 중간 영역으로 본다.[16] 억울함을 영어로 표현하면 unfair feeling이다. 뭔가 불공정하고 불합리한 것에 대한 감정이다. unfair는 객관적 상황에 대해 권력을 가진 사람이 판단한다. feeling은 개인이 느끼는 감정이다.

억울함은 어떤 판단에 따라 생겨나서 정서를 드러내고 다시 근심으로 전환한다. 억울함이 발현하는 정서는 복합적이다. 희로애락애오욕 칠정 중에서 노怒, 성내다, 화내다, 꾸짖다, 힘쓰다/분노, 격노, 애哀, 슬프다, 가엾다, 불쌍히 여기다/비애, 애석, 오惡, 미워하다, 헐뜯다, 부끄러워하다/증오, 혐오를 드러낸다. 칠정 중 부정적인 정서는 모두 드러내는 것이므로 사람이 느끼는 최악의 상황이다.

---

16 유영근, 《우리는 왜 억울한가》(타커스, 2015)

만약 억울함을 해소하지 못한다면 억울함의 강도를 생각할 때 그냥 우^憂로 끝나지 않는다. 억울함을 해소하기는커녕 속으로 억눌러야 한다면 금방 환^患이 된다. 그때 화병이 난다. 화병은 억울함이 있는데 이를 풀지 못하고 억지로 참고 억누를 때 발생한다. 화병을 풀지 않으면 한^恨이 된다. 한은 원한과 한탄이다. 상대나 사회가 너무나 밉고^怨 자기 자신이 가여워서^嘆 분노^{忿怒}한다.

억울함이 한^恨으로 뿌리내리기 전에 억울함의 원인을 찾아서 풀어야 한다. 우리 고전소설을 보면 이승에서 억울함을 당하면 죽어서 영혼으로 떠돌다가 이승에 있는 어진 권력자에게 억울함을 호소한다. 《장화홍련전》이 그렇다.

세종 때 평안도 철산에 살던 배무룡의 부인은 장화를 낳고 2년 후 홍련을 낳았으며, 홍련이 다섯 살 때 죽었다. 배무룡은 허 씨와 재혼해서 삼 형제를 나았는데, 허 씨가 아들이 생긴 뒤 장화와 홍련을 학대했다. 장화가 정혼하게 되자 혼수를 많이 장만하라는 배무룡의 말에 허 씨는 재물이 축날 것이 아까웠다. 이에 털을 뽑은 큰 쥐를 장화의 이불 속에 넣었다가 배무룡에게 보여주며 장화가 부정을 저질러 낙태했다고 속이고 아들 장쇠를 시켜 못에 빠뜨려 죽였다. 장화가 홍련의 꿈에 나타나 원통하게 죽은 사실을 알려주자 홍련이 장화가 죽은 못에 찾아가 물에 뛰어들어 죽었다.

그로부터 그 못에서 밤낮으로 곡소리가 났다. 원통하게 죽은 두 자매가 사연을 호소하려고 지금으로 치면 군수 정도 되는 부사^府

使에게 갔는데 부사가 놀라 죽었다. 이런 일 때문에 부사로 올 사람이 없었는데, 정동우가 자원해서 부사로 부임했다. 첫날밤에 자매가 부사에게 나타나 억울함을 풀어줄 것을 간청했다. 이튿날 부사가 배무룡과 허 씨를 불러 문초하여 사실을 알아냈다. 계모는 능지처참하고 장쇠는 교수형에 처했다.

부사가 못에 가서 자매의 시신을 건져 안장하고 비碑를 세워 혼령을 위로했더니, 그날 밤 꿈에 두 자매가 나타나 원한을 풀어준 일을 사례하며 앞으로 승직할 것이라 했다. 그 뒤 그 말대로 부사는 승직하여 지금으로 치면 도지사쯤 되는 통제사가 되었다.

살아서 억울함을 못 풀면 죽어서라도 풀어야 한다. 이게 우리 정서다. 특히 간계, 흉계, 술수, 음모, 모함, 중상, 모략, 비방, 모사 따위로 죄 없는 사람을 괴롭히고 재산을 빼앗고 가족을 죽이고 하는 일이 비일비재했던 우리 역사를 보면 억울함이야말로 근심의 가장 큰 원인이다. 이렇게 해서 억압당하고 누명을 쓰고 부당하게 차별받고 무시당하면서 점점 억울함은 늘고 풀 데는 없어서 근심이 늘고 화병이 생기고 한이 되었다. 우리 사회가 우려를 많이 하는 이유다.

확실히 억울함은 권력자와 관계가 깊다. 누명뿐만 아니라 부당한 대우, 차별, 무시, 편향, 억압 모두 힘을 가진 자와 못 가진 자 사이에서 나온다. 이런 차이에서 오는 억울함을 줄이려고 법이 만들어졌다. 인류 최초의 법전으로 알려진 함무라비 법전에는 282개 조항이 있다. 이보다 300년 앞선다는 우르남무 법전에는 56

개 조항이 있는데, 이 중 40개 항이 번역되었다. 우리 현행 형법은 372조까지 있고 조항은 그보다 훨씬 많다. 지금에 와서는 법이라도 있어서 사회의 억울함이 덜하다. 하지만 유영근 판사의 얘기를 들어보면 개인의 억울함은 여전한 것 같다.

"법률가로서 남들의 억울함을 직업적으로 다루고 늘 객관적인 시각을 유지하려고 애쓰지만, 정작 나에게 발생한 사소한 사건에서 그 억울한 심정을 억누르는 것은 쉽지 않습니다. 분명 일반인들에게는 이런 현상이 훨씬 더 심하게, 그리고 자주 발생할 것입니다."

법이 미처 다다르지 못한 곳에서는 여전히 기존의 위계질서나 기대의 차이가 억울함을 만든다. 이승연은 "억울함의 정서적 구성요소 탐색"이라는 논문에서 억울함의 원인을 9가지로 나눈다.[17]

공동 작업의 부정적 결과에 대한 책임을 혼자 추궁받을 때, 자신이 하지 않은 일에 책임을 질 때, 사건의 유발자로 낙인찍힐 때, 자신의 노력과 헌신을 알아주지 않을 때, 정당한 권한을 무시당할 때, 격려를 기대한 상황에서 비난을 받을 때, 다른 사람은 문제시하지 않은 문제에 나만 처벌받을 때, 힘이 없어 부당한 대우나 처벌을 받을 때, 무임승차한 상대가 더 좋은 결과를 얻을 때가 그것이다.

---

17 이승연, "억울함의 정서적 구성요소 탐색", 2015

그는 매우 구체적인 사례를 들어 9가지 원인을 탐색한다. 예를 들면 공동 작업의 부정적 결과에 대한 책임을 혼자 추궁받을 때를 보자. "중요한 보고서를 여러 사람과 같이 작성할 일이 있었어요. 중간에 자기가 맡은 부분을 작성 안 하는 사람이 있어서 일이 진행 안 되는 거예요. 그래서 위에 보고도 여러 번 했는데 팀장이 관심도 없고 아무 조치도 안 하는 거예요. 마감 때가 되어서야 팀장이 저한테 진행 상황을 보고하라고 해서 했더니 저더러 그동안 뭐 했냐고 질책하는 거예요."

억울함은 서러움과 함께 온다. 격려를 기대한 상황에서 비난을 받으면 억울하기도 하지만 상대에 대한 서러움이 물밀듯 밀려온다. 그러면 상대에 대한 근심이 생긴다. "회사에서 속상한 일이 있어서 퇴근한 후, 집에 와서 가족들에게 오늘 이러이러한 일이 있었다고 이야기했는데, 내 말을 듣고 나서 '그러니까 그런 말을 뭐 하러 했어?' 이렇게 말하는 거예요."

AI의 횡설수설

AI가 스스로 억울함을 느끼지는 않겠지만, 나는 AI가 참 많이 억울할 것 같다. 사실 ChatGPT 같은 초거대 언어 모델은 그저 횡설수설하도록 만들었다고 봐야 한다. 정답을 알려주는 것이 아니라 이런 저런 대화를 하면서 서로가 서로의 생각을 넓히고 깊이 있게 만들어주는 역할을 하는 것이다. 서로의 사고력을 높여주는데 ChatGPT의 존재 이유가 있는 것이다.

내가 사고력을 키우는 방법을 하나 제시하고자 한다. 그 방법은 단순하다. 거침없이 읽고 쓰고 듣고 말하는 것이다. 나나 상대나 진리를 모른다. 부모든 스승이든 선배든 의사든 신이든 모두 진리를 찾는 사람이다. 내가 그들과 다른 것은 환경과 상황이다. 그러므로 그들이 찾는 진리와 내가 찾는 진리는 다르다. 서로 다른 진리를 찾는데, 왜 굳이 과거의 환경과 상황에서 찾은 진리를 믿어야 하나? 왜 굳이 다른 사람이 주장하는 진리를 믿어야 하나? 거침없이 읽고 쓰고 듣고 말하는 '아무 말 대잔치'를 추천한다.

JTBC가 만든 〈알쓸신잡〉은 아무 말 대잔치랑 비슷하다.[18] 출연자 스스로도 서로에게 아무 말이나 던진다고 서슴지 않고 얘기한다. 프로그램 제목조차 '알아두면 쓸데없는 신비한 잡학사전'이다. 그들은 각자 자기 생각을 말한다. 30대 뇌과학자가 50대 후반의 전 장관에게 자기가 읽은 논문을 얘기해 준다. 넷이 인정해도 한 명은 '저는 인정 못 합니다'하고 고개를 흔든다. 대화는 질문과 대답이 끊임없이 이어지고 이 분야에서 저 분야로 꼬리에 꼬리를 물고 늘어진다. 한옥 서까래 얘기로 시작했다가 정치로 끝나고, 음식 얘기로 시작한 것이 문학으로 끝난다. 모르는 사람이 들으면 횡설수설하는 것 같다.

횡설수설橫說竪說은 말을 이렇게 했다가 저렇게 했다가 두서없이 하는 것을 말한다. 요즘 말로 뇌피셜이다. 하지만 원래 횡설수설은 종횡무진하며 이치에 조금도 어긋나지 않아 조리가 정연한 말을 뜻했다. 횡橫은 횡단보도처럼 가로를 뜻하고 수竪는 세우다는

---

18 JTBC, 〈알쓸신잡〉, 2017

뜻이 있어서 세로를 뜻한다. 그러니까 횡설수설은 가로와 세로로 얘기하는 것이다. 지금으로 치면 X와 Y 좌표로 해설하는 것이다. 이런 횡설수설을 못 알아듣는 사람은 그저 아무 말이나 하는 줄 안다. 〈알쓸신잡〉은 횡설수설처럼 보이는 강론이다.

〈알쓸신잡〉의 막내이기도 한 카이스트 정재승 교수의 말처럼 200년 전만 해도 기술의 유효기간이 사람의 생물학적 수명보다 더 길었다. 어떻게 하면 내가 배운 기술을 내 후대에 전해줄까를 고민했다. 그래서 책이 나왔고 마을 어르신이 나왔다. 하지만 지난 수십 년간 기술의 유효기간이 생물학적 수명에 비해 현저히 짧아졌다. 날이 갈수록 과거는 멀어지고 미래는 가까워진다.

이제 사고의 의미가 변했다. 옛날에는 과거에 답이 있어서 옛 성인이 한 말을 곰곰이 생각하는 것이 사고였다. 그런데 시간이 갈수록 과거의 답이 현재의 답이 될 수 없는 경우가 늘었다. 과거를 아무리 따져도 현재 문제를 풀 수 없다는 것을 조금씩 알게 되었다. 과거는 이제 그 자체로 답이 될 수 없다. 하지만 과거는 미래를 예측하고 전망하게 도와준다. 사고의 의미가 과거에 한정되지 않고 미래로 확장하고 있는 것이다.

이제는 네티즌이 사고한다. 진화심리학을 연구하고 책도 번역하면서 인터넷 카페를 운영하는 이덕하 작가는 〈알쓸신잡〉의 오류를 찾아내 정리했다. 다음은 그가 1화에서 찾은 오류 몇 가지다.[19]

---

19 이덕하, 진화 심리학 카페, http://cafe.naver.com/evopsy2014

1회에서 황교익은 먹장어(곰장어, 꼼장어)가 지렁이 종류에 더 가깝다고 이야기했다. 하지만 지렁이는 환형동물문(Annelida)에 속하며, 붕장어, 갯장어, 뱀장어, 먹장어는 모두 척삭동물문(Chordate)에 속한다.

1회에서 '실뱀장어는 그 작은 몸으로 아무것도 먹지 않고 6개월을 헤엄쳐'라는 자막이 나왔다. 하지만 여행 중에 그렇게 오랫동안 먹지 않는 것은 실뱀장어(어린 뱀장어)가 아니라 어른 뱀장어다.

1회에서 정재승은 미토콘드리아 안에 있는 mRNA를 통해 모계를 추적할 수 있는 것처럼 이야기했다. 하지만 이광호 씨에 따르면 모계 추적에 쓰이는 것은 mt-mRNA가 아니라 mtDNA다.

AI가 잘못된 데이터로 잘못된 대답을 할 수도 있다. 횡설수설할 수도 있고 뇌피셜 할 수도 있다. 하지만 우리 주변의 누구보다도 정확하고 많은 데이터로 사고했거나 할 수 있다. 요즘 ChatGPT는 실시간으로 인터넷 데이터를 검색해서 대답한다. AI가 사람보다 더 빨리 더 정확하게 사고한다는 것을 이제 인정할 때가 된 것 같다.

AI가 훔쳐간 생각

AI는 어떻게 공부할까?

공부를 그려줘.

이미지들은 다양한 학생들이 현대적인 도서관에서 함께 공부하는 모습을 보여줍니다. 각 학생은 서로 다른 배경을 가지고 있으며, 큰 테이블에 앉아 책과 노트북, 필기구를 사용하고 있습니다. 도서관은 밝고 활기찬 분위기를 풍기며, 효과적인 학습 환경을 나타냅니다.

학이시습지 불역열호

논어의 첫 장은 '학이^{學而}' 편이다. 한국인이면 누구나 아는 논어의 첫 구절은 학이시습지 불역열호^{學而時習之 不亦說乎}다. "배우고 때때로 익히면 또한 기쁘지 아니한가."로 번역하곤 한다. 공자는 배우는 것을 '단순한 즐거움^樂' 수준이 아니라 '절대적인 기쁨^悅'이라고 주장한다. 배움을 실용을 넘어 철학적 의미의 기쁨으로 승화한다.

그런데 논란이 되는 부분이 있다. 시습^{時習}이다. 흔히 때때로 익힌다는 뜻으로 보지만, 제때 익혀야 한다는 뜻으로 보는 사람도 있다. 시간이 날 때마다 익혀야 한다고 보는 사람도 있고 끊임없이 무한히 연습해야 한다고 말하는 사람도 있다. 나는 끊임없이 무한히 연습하라는 의미에 손을 들고 싶다. 그래야 끊임없이 무한히 기쁘다. 기쁨을 주는 일이라면 무한히 반복해야 마땅하지 않을까?

취미를 예로 들어보자. 골프를 배우면 필드에 나가 치고 싶다. 기쁘다. 또 나가서 치고 싶다. 여유만 된다면 죽을 때까지 무한히 반복해서 칠 것이다. 그러니 그냥 기쁜 것이 아니라 '또한' 기쁜 것이다. 그렇다면 무한히 반복하는 일을 AI가 하면 어떻게 될까? AI가 '학이시습지'하면 어떻게 될까?

2016년 알파고 리^{AlphaGo Lee}가 이세돌 9단을 바둑에서 이겼다. 알파고 리는 사람이 만든 기보 16만 개와 착점 위치 정보 3천만 개의 패턴을 학습했다. 사람이 정답을 알려주었고 그걸 기준으로 학습했기 때문에 지도학습^{Supervised learning}이라 한다. 사람이 알려

주지 않고 데이터만 주고 스스로 학습하면 비지도학습^{Unsupervised}
^{learning}이라 한다. 알파고 리는 여기에 강화학습^{Reinforcement learning}을
더했다. 자신과 반복 대국하며 생물처럼 시행착오를 겪으면서 스
스로 진화하는 학습 방식이다. 알파고 리는 이 두 가지 학습법으
로 이세돌 9단을 꺾었다.

알파고 리 다음 버전은 알파고 제로^{AlphaGo Zero}다. 2017년 10월 19
일 구글 딥마인드는 과학 저널 네이처에 알파고 제로 학습법을 논
문으로 발표했다. 알파고 제로는 강화학습만 했다. 바둑의 기본
규칙과 원리만 입력 받아서 혼자 바둑을 두었다. 알파고 제로는
학습을 시작한 뒤 겨우 72시간 만에 알파고 리와 대국하여 100판
모두 이겼다. 21일이 지나서는 커제 9단을 꺾은 알파고 마스터
^{AlphaGo Master}와 대국했다. 100판 중 89판을 이겼다. 변두리 독학생
알파고 제로가 인간의 수제자 알파고 마스터를 꺾은 셈이다.

알파고 제로의 강화학습법은 이렇다. 우선 아무 곳에나 바둑돌을
두고 자기 나름대로 다음 수를 생각한다. 바둑 한판이 끝날 때까
지 계속 자기 나름대로 수를 생각해서 승률을 계산한다. 이제 다
른 곳에 바둑돌을 하나 더 놓았다 치고 또 나름대로 수를 생각하
고 승률을 계산한다. 아까 두었던 곳과 이번에 두었던 곳 중에 어
느 곳이 더 좋은지 승률을 보고 깨닫는다.

자신의 바둑 이론도 수정한다. 새롭게 알아낸 좋은 수의 특징을
신경망을 업데이트하여 저장한다. 좋은 수가 신경망에 차곡차곡
쌓이면서 다음번 바둑 수준이 조금씩 더 높아진다. 승률 예측도

정확해진다. 그렇게 4일 동안 500만 판의 바둑을 두다 보면 어느 덧 인간의 바둑 수준을 넘어선다.[20]

AI의 학습법

알파고는 몬테카를로 트리 탐색^{Monte Carlo Tree Search, MCTS} 알고리즘을 사용했다.[21] MCTS는 어떤 광범위한 경우의 수를 구할 때 적합하다. 바둑을 예로 들어보자. 바둑은 361칸에 돌을 둘 수 있다. 만약 상대 수까지 합해서 총 6수 앞을 내다본다고 하면 고려해야 할 총 가짓수는 361의 6승이다. 2,213조 3,149억이 넘는다. 보통 컴퓨터로 이 계산을 하려면 몇 개월이 걸린다.

만약 모든 경우의 수를 구하지 않고 확률적으로 값을 계산하면 경우의 수를 확 줄일 수 있다. 2x2 정사각형에 내접하는 반지름 1짜리 원을 그려 넣고 이 정사각형 안에 무작위로 점을 찍어 보자. 이제 전체 점의 개수에서 원 안에 찍은 점의 개수가 얼마나 되는지 계산한다고 해보자.

미친 척하고 평생에 걸쳐 점을 무진장 많이 찍다 보면 그 값은 결국 $\pi/4$의 값으로 수렴한다. 약 0.785398이다. 그러니까 점을 1백만 개 찍으면 그중 785,398개가 원 안에 찍은 점의 개수다. 수학이나 이론으로 어떤 문제에 접근할 수 없을 때 이렇게 수많은 무

---

20 이정원, "알파고는 스스로 신의 경지에 올랐다", 2017, https://brunch.co.kr/@madlymissyou/18
21 위키피디아, "몬테카를로 트리 탐색", https://ko.wikipedia.org/wiki/몬테카를로_트리_탐색

작위 수를 적용하면 어떤 답을 얻어낼 수 있다. 반복 실험으로 예상 확률을 알아내서 이미 알고 있는 부분과 수학적으로 알맞게 구성하는 것이 MCTS다. 미국은 2차 세계대전 때 핵폭탄을 만들면서 중성자의 무작위 충돌 현상을 계산하는 데 이 방법을 사용했다.

MCTS는 선택, 확장, 시뮬레이션, 역전달의 4단계를 최대한 많이 반복한다. 내가 선택할 수 있는 행동에 대해 각 행동이 어느 정도 승률을 가져올지 추론하여 다음 행동을 선택^{Selection}한다. 최상단, 또는 시작점에서 시작하여 밑으로 하나씩 최선을 선택해 내려간다. 각 선택에는 게임의 수와 게임에서 이긴 수 정보가 있다. 다른 선택보다 승률이 높은 행동을 계속 선택한다. 그런데 게임이 끝나는 마지막 단계에 이르면 선택한 적이 없으므로 승률 정보가 없다. 이때 MCTS는 확장^{Expansion} 단계로 넘어가서 다음 단계의 선택 기회를 임의로 생성한다. 이 선택의 승률은 아직 게임을 하지 않았으므로 0판 0승이다. 이 단계에서 MCTS는 시뮬레이션^{Simulation}을 한다. 시뮬레이션은 모의 게임으로 진행된다. 게임마다 승패가 확정되면 이 정보를 역전달^{Backpropagation}한다. 그러면 지금까지 거쳐 온 선택의 승률 정보가 업데이트된다.

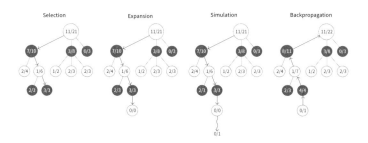

AI는 선택, 확장, 시뮬레이션, 역전달의 단계를 아주 빨리, 그리고 아주 많이 반복한다. 진정한 '학이시습지'를 함으로써 인간의 바둑 수준을 뛰어넘은 것이 아닐까? 그런데 구글 딥마인드는 더 이상 바둑 두는 알파고를 개발하지 않는다. 바둑은 지능과 같이 완전 정보 게임이다. 게임의 모든 것을 공개한 상태에서 각자의 차례가 오면 선택만 할 수 있다. 상대가 선택한 것을 보고 내 선택을 결정한다. 이런 완전 정보 게임으로는 인공지능이 더 진화할 곳이 없다. 뭔가 다른 차원의 연습이 필요하다. 그러려면 바둑 같은 완전 정보 게임이 아니라 포커 같은 불완전 정보 게임으로 연습해야 한다.

포커는 정보가 제한된 상황에서 상대 패를 예상해야 한다. 때에 따라서는 좋지 않은 패를 가지고 좋은 패를 쥔 것처럼 배팅해야 한다. 딜러가 카드를 한 장씩 나눠줄 때마다 상대방의 심리 상태까지 고려해야 한다. 인공지능이 사람보다 연산 능력이 뛰어나도 포커에서 전략을 생각하는 것은 전혀 다른 일이다. 인공지능이 어떻게 사람을 상대로 '뻥카'를 치고 이길 수 있단 말인가?

2017년 1월 미국 카네기멜론대가 개발한 인공지능 리브라투스는 무제한 텍사스 홀덤 포커라는 종목에서 우승을 차지했다.[22] 리브라투스는 4명의 프로 포커 선수와 20일 동안 매일 11시간 동안 게임을 했다. 카네기멜론대는 2015년에 인공지능 클라우디코 Cloudico를 개발해서 포커 선수와 게임했지만 이기지 못했다. 그리고 불과 2년 만에 인간과 포커를 겨뤄 이겼다.

리브라투스는 기존 인공지능과 다른 학습법을 썼다. 리브라투스는 자신의 취약점을 분석해서 보완하는 방식을 사용했다. 리브라투스를 개발한 샌드홀름 교수는 이렇게 말한다. "매일 경기가 끝난 뒤 리브라투스에 탑재된 메타 알고리즘이 상대방 선수들이 어떤 취약점을 활용해서 공격했는지 분석합니다. 그중 톱 3를 선정해서 알고리즘에 패치를 하죠. 연구원들은 일반적으로 상대방의 취약점을 공략할 수 있는 알고리즘을 개발합니다. 우리는 우리의 전략 중 취약한 부분의 알고리즘을 수정해 매일 개선하는 방법을 썼습니다."

ChatGPT도 마찬가지다. ChatGPT는 GPT-3 모델에 RLHF Reinforcement Learning from Human Feedback를 적용했다. RLHF는 강화학습에 인간의 피드백을 결합한 것이다. 사람의 지도나 평가를 통해 데이터를 제대로 학습하는 방식이다. 이것이 InstructGPT이고, ChatGPT는 InstructGPT에 윤리적인 규제를 더한 것이다.[23]

---

22 ZDNet Korea, "AI는 어떻게 심리 싸움 '뻥카'까지 알았을까", 2017, http://www.zdnet.co.kr/news/news_view.asp?artice_id=20170202100744

23 LifeArchitect, https://lifearchitect.ai/chatgpt/

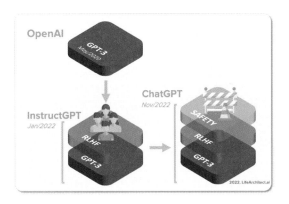

ChatGPT가 어떻게 RLHF를 사용했는지는 OpenAI가 일찍이 발표를 했다.[24] 그 내용을 정확히 이해하기는 쉽지 않지만, 단순하게 말하면 논술 시험과 평가라 할 수 있다.

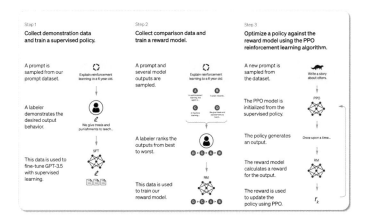

---

24 OpenAI, https://openai.com/blog/chatgpt

ChatGPT는 3단계로 학습했다. 1단계는 논술 지도다. ChatGPT를 만든 OpenAI는 책이나 위키피디아의 내용을 참고로 해서 논술 문제와 바람직한 답변이 쌍을 이룬 데이터셋을 만들었다. 예를 들어 "6살 아이에게 강화학습을 설명하라." 같은 서술 문제가 있고, 정답에 가까운 답변이 있다. 선생님이 문제지와 정답지를 같이 가지고 있다고 보면 된다. 선생님은 이걸 가지고 학생에게 논술 문제를 내고 학생의 답을 정답지와 비교한다. 선생님은 학생이 정답에 가까운 대답을 서술하도록 학습을 지도Supervised Learning한다. 선생님은 학생을 지도하면서 조언하거나 피드백을 주거나 첨삭하는 등 여러 활동을 한다. 이런 활동을 AI에게 적용한 것이 파인 튜닝Fine-tunning이다. 굳이 우리말로 하자면 첨삭지도라고 볼 수 있다.

2단계는 논술 평가다. 선생님에게 학생이 수십 명 있다고 해 보자. 그러면 논술 문제 하나에 수십 개의 답변이 달릴 것이다. 그렇다면 선생님이 답변을 하나씩 보고 누가 잘 썼는지 못 썼는지 평가할 수 있다. 가장 간단한 평가는 순위다. 선생님은 가장 잘 쓴 글을 1등으로, 가장 못 쓴 글을 꼴등으로 정한다. 사람이라면 자기 등수를 들을 때 뭔가 경쟁 의식이 생기기 마련이다. 누가 나보다 잘 썼는지 어떻게 썼는지 궁금해진다. 선생님은 가장 잘 쓴 글 하나를 학생들에게 보여주겠지만, OpenAI는 1위부터 꼴등까지 모든 글을 AI에게 보여주었다. 잘 쓴 글부터 못 쓴 글까지 모두 읽어보았다면 AI는 무엇이 잘 쓴 글이고 무엇이 못 쓴 글인지 판단할 수 있다. 이러한 자료는 AI가 보상 모델Reward Model을 훈련하는 데 사용된다.

마지막 3단계는 공식화와 반복 문제 풀이다. 앞서 1, 2단계를 거치면서 선생님과 학생은 나름의 공식을 세운다. 이렇게 쓰면 점수가 높은 글, 이렇게 쓰면 점수가 낮은 글, 이런 식으로 어떤 나름의 노하우 공식이나 스킬을 만드는데, 이를 PPO^{Proximal Policy Optimization}라고 한다. 학생이 평가 점수를 잘 받도록 학습하는 것처럼 AI도 보상을 극대화하는 방식으로 행동을 선택한다. AI는 새로운 문제가 들어오면 답을 서술한 다음, 이 답의 점수를 자기만의 공식이나 스킬로 측정한다. 이런 문제 풀이는 계속 반복하며 그 과정에서 자기의 공식이나 스킬을 계속 정교하게 만들어 나간다.

구조화 학습

ChatGPT의 학습법은 직장인의 일과 같다. 직장인은 사실상 매년 같은 일을 반복한다. 전략을 짜고 기획을 하고 계획을 세우고 실행하고 검토하고 평가하고 분석한다. 데밍 서클^{Deming circle}이라고도 불리는 PDCA는 비즈니스에서 생산 및 품질 등을 관리하는 가장 유명한 방법론이다. Plan^{계획}-Do^{실행}-Check^{평가}-Act^{개선}를 반복해서 업무를 지속적으로 개선한다.

PDCA에서 중요한 것은 P, D, C, A가 각각 연결되어 있다는 것이다. 연결을 끊고 그냥 나열만 하면 PDCA의 본질은 사라진다. 이와 비슷한 것이 만다라트나 마인드맵이다. 많은 사람이 만다라트나 마인드맵을 이용해서 생각을 구조화하고 분석한다고 생각한다. 하지만 정확히 말하면 만다라트나 마인드맵은 그냥 단어를 나열한 것뿐이다. 예를 들어 마인드맵을 이용해 나를 중심으로 가족을 구분해 보자. 이것만 보면 나를 중심으로 다른 사람을 부르는 호칭을 나열한 것 이상의 의미가 없다. 이미 알고 있는 사실을 재확인하는 정도에 불과하다.

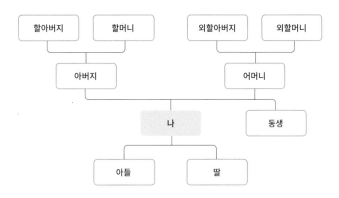

한걸음 더 들어가 보자. 우선 선을 더 긋자. 전체 구조를 중심으로 두어야 하므로 가능한 한 모든 요소를 연결하자. 여기서는 설명을 위해 다음 그림처럼 몇 개 요소만 연결했다. 아버지와 외할아버지 사이에 연결이 생겼다. 연결은 아버지와 외할아버지가 서로 얽혔다^構는 뜻이다. 여기서 두 사람의 관계가 나온다. 아버지는 외할아버지의 사위다. 외할아버지는 아버지의 장인이다. 이렇게 각 요소가 얽히는 순간 구조가 드러난다.

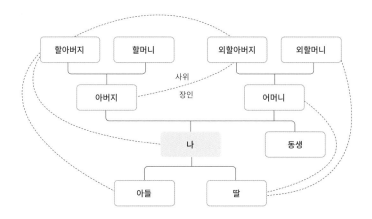

사위는 내 딸과 결혼한 사람이다. 장인은 내가 결혼한 사람의 아버지다. 프로그램 코딩^{coding}에서 'if~then'으로 정의해 보자.

(if) 만약 내가 어떤 여자와 결혼하면 (then) 그녀의 아버지는 나의 장인이다.

(if) 만약 내 딸이 누군가와 결혼하면 (then) 그는 나의 사위다.

이렇게 각 요소의 관계를 일정한 기준과 규칙으로 연결하는 것이 바로 구조화다.

완벽한 구조는 한 요소를 빼면 와르르 무너진다. 한옥에서 서까래나 대들보를 빼면 지붕이 무너진다. 건물을 지을 때 건축사는 집이 무너지지 않게 설계해야 한다. 설계도면이 엄청나게 복잡한 까닭이다. 컴퓨터 프로그램도 마찬가지다. 한 요소가 빠지면 버그가 생긴다. 버그가 생기면 그 프로그램과 연결된 모든 프로그램이 제대로 작동하지 않는다.

살 빼는 로직 트리를 한걸음 들어가서 구조화하면 이런 규칙이 나온다.

"저녁 식사 시 칼로리 섭취량이 기준을 초과하면 다음 날 아침을 굶는다."

"1개월 안에 침과 뜸으로 칼로리 흡수율이 낮은 체질로 변화하지 않으면 의사의 자문을 받아 지방 흡입 수술을 받는다."

"일상생활에서 가벼운 운동에도 불구하고 10일 이상 몸무게 감소가 없으면 가벼운 운동을 포기하고 헬스장에서 트레이너의 도움을 받는다."

구조화에는 큰 문제가 하나 있다. 최종 요소가 많으면 많을수록 규칙의 수가 기하급수적으로 늘어난다. 뇌가 감당할 수 없는 지경에 이르러 차라리 구조화를 포기하는 것이 나을 때가 있다.

이런 현상은 데이터베이스에서도 문제가 된다. 웹사이트 회원이 늘어나면 데이터베이스 속도가 느려진다. 그래서 관계형 데이터베이스가 만들어졌다. 우리가 축구선수 정보를 데이터베이스에 넣어야 한다고 생각해보자. 그러면 단순하게 이름-포지션-등번호-키-팀명-연고지로 해서 한 줄씩 넣을 것이다.

번호	이름	포지션	등번호	키	팀명	연고지
1	김남일	DF	33	177	스틸러스	포항
2	박지성	MF	7	178	드래곤즈	전남
3	이영표	MF	22	176	블루윙즈	수원
4	고창현	MF	8	170	블루윙즈	수원
5	이청용	MF	17	180	블루윙즈	수원
⋮	⋮	⋮	⋮	⋮	⋮	⋮

이렇게 하면 선수 수가 적을 때는 상관없지만, 선수 수가 많으면 중복 데이터가 생긴다. 한 팀에도 선수가 수십 명이므로 팀명과 연고지가 계속해서 반복되고 같은 포지션을 가진 선수는 계속 중복해서 포지션을 적어야 한다. 게다가 팀명이 바뀌면 해당 팀 소속 선수 모두의 팀명을 바꿔야 한다. 대강 봐도 비효율적이다.

관계형 데이터베이스는 데이터를 서로 연결함으로써 이 문제를 해결했다. 팀명과 연고지를 구단 테이블로 빼서 팀 코드를 만들고 선수 테이블에 팀 코드만 삽입한다. 이렇게 하면 팀명이 바뀌더라도 구단 테이블에서 팀명 한 줄만 바꾸면 된다.

<선수 테이블>   <구단 테이블>

사람의 뇌도 이런 식으로 작동한다. 학교 다닐 때 2차 방정식 문제를 수백 번 풀었다. 하지만 그때마다 뇌가 모든 문제를 머릿속에 담을 수는 없다. 그때 뇌가 작동하는 방식이 관계형 데이터베이스와 비슷하다. 공식 테이블에 2차 방정식 공식을 담고 문제 테이블에 2차 방정식 문제를 담는다. 그리고 두 테이블을 연결한다. 문제 테이블 수가 일정 개수 넘어가면 이전 문제, 또는 중복되거나 불필요한 문제를 삭제한다. 이렇게 해서 뇌가 터지지 않고 수학 문제를 풀 수 있다.

그런데 여기서 사람과 컴퓨터의 중요한 차이가 있다. 컴퓨터는 데이터를 여러 테이블로 구분해 관계를 맺는다. 복잡해 보여도 결국 행과 열로 이루어진 2차원 배열일 뿐이다. 하지만 사람은 관계를 더 명시적으로 시각화한다. 마인드맵과 같은 그림을 그려서 관계를 이해한다. 아이들에게 가족 관계를 설명할 때 엑셀을 열어서 할아버지 할머니를 입력하고 설명하는 사람은 없다. 모두들 A4 종이를 꺼내서 그림을 그려가며 설명한다.

데이터베이스도 처음에는 계층형에서 시작했지만 관계형으로 진화했고 이제는 그림으로 이해하는 그래프 데이터베이스로 진화하고 있다. 사람처럼 데이터를 그림으로 이해하는 것이다.

그래프 데이터베이스의 원리는 마인드맵과 비슷한데, 선에 관계를 추가했다고 보면 된다. 나, 아버지, 할아버지와 같은 요소는 Node라고 하

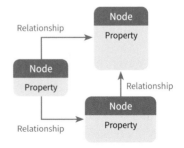

고, 할아버지의 생일, 주소 등은 속성, 즉 Property라고 보면 된다. 할아버지와 아버지 사이에 그은 선에 부자 관계라고 적으면 Relationship이 된다.

비행기 예약을 예로 들어 보자. 우선 사용자 테이블[Users], 승객 테이블[Passengers], 예약 테이블[Bookings], 승객과 예약의 관계 테이블[BP_Relationships], 여정 테이블[Journeys], 항공기[Flights] 테이블 등이 있어야 한다. 각 테이블의 속성에서 기본키와 외부키가 사용되어 관계를 맺게 된다.

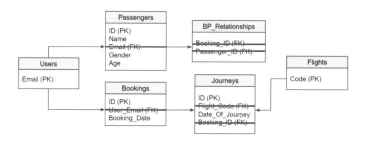

그래프 데이터베이스는 사용자 노드, 예약 노드, 승객 노드, 항공기 노드만 있다. 사용자 노드와 예약 노드는 예약 관계가 된다.

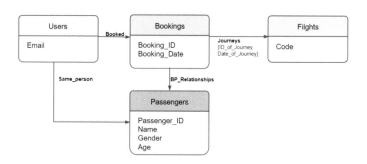

이렇게 노드를 만들고 선을 긋고 관계를 적는 일을 아주 많이 해 보자. 즉, 세상의 모든 단어를 모아서 관계를 맺어 보는 것이다. 일단 학교 수업에서 자주 봤던 XY 좌표를 하나 그려 보자. X축 과 Y축이 무엇을 의미하는지는 일단 제쳐 놓고, 왼쪽 위 사분면 에 강아지를 넣어 보자. 그리고 그 오른쪽 사분면에 강아지와 유 사한 의미로 함께 쓰이는 '귀엽다'를 넣어 보자.

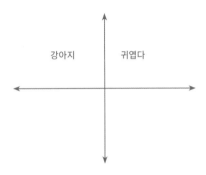

이제 우리는 '강아지'와 '귀엽다'의 위치와 거리를 알 수 있다. 물 론 절대적인 위치와 거리를 의미하는 것은 아니다. XY 좌표를 살짝 오른쪽으로 옮겨도 '강아지'와 '귀엽다'의 거리가 멀어지는 것은 아니기 때문이다.

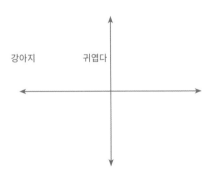

다시 원래대로 좌표를 돌린 다음, 왼쪽 아래 사분면에 늑대를 넣어보자.

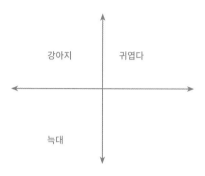

이제 우리는 '강아지'와 '귀엽다'가 가깝고 유사한 의미를 가지고 있고, '늑대'와 '귀엽다'는 '강아지'와 '귀엽다'보다 상대적으로 멀다는 것을 알수 있다. 또한 늑대와 유사한 단어가 있다면 오른쪽 아래 사분면에 배치할 수 있다. 예를 들어 '사납다'를 배치하면 다음 그림과같다.

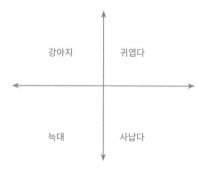

이렇게 우리는 단어를 어떤 공간에 배치할 수 있다. 그러면 자연스럽게 각 단어의 좌표가 나온다.

- 강아지: [−1, 1]

- 귀엽다: [1, 1]

- 늑대: [−1, −2]

- 사납다: [1, −2]

이것은 2차원 벡터다. 2차원 벡터는 숫자 두 개가 있어야 하고 2차원 평면, 즉 XY 좌표 위에 배치할 수 있다. Z 좌표를 추가하면 3차원 공간이 만들어진다. 3차원 벡터는 숫자 3개로 구성된다. 이런 식으로 고차원 벡터를 만들 수 있다.

이때 X, Y, Z는 각각 어떤 특징을 나타낸다. 예를 들어 X는 형태소 유형, Y는 느낌, Z는 활동성 등이 될 수 있다. 특징을 계속 추가하면 고차원 공간이 만들어진다. 차원이 높다는 것은 그만큼 많은 특징을 고려해서 단어를 정밀하게 배치했다는 뜻이다.

이런 식으로 벡터 공간에 단어를 잘 배치했다면 이제 빈 공간에 들어갈 단어를 찾을 수도 있다. 예를 들어 앞에서 강아지, 귀엽다, 늑대를 배치한 다음 오른쪽 아래에 들어갈 단어를 AI가 찾을 수 있는 것이다.

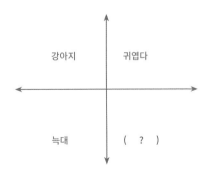

스티브 잡스의 개념

벡터 공간에는 수많은 단어가 노드처럼 나열되어 있고 각각은 일정한 기준으로 분리되어 있는 동시에 연결되어 있다. 차원은 수십, 수백, 아니 수억 차원이 넘을 테니 이것도 매우 복잡해져서 AI는 우리가 묻는 말에 대답을 잘 못할 수 있다. 예를 들어 삼각형, 사각형 정도는 우리가 쉽게 설명한다. 하지만 오각형, 육각형, 일억각형은 어떻게 설명할 수 있을까?

수학은 무한에 가까운 내용을 다루는 학문이다. 수학에서 가장 중요한 것은 개념이다. 수학 교과서는 항상 개념을 먼저 설명하고 문제를 낸다. 사람이 개념을 만들 수 있는 것처럼 AI도 개념을 만들 수 있다.

개념의 개槪는 나무 목木과 이미 기旣가 합쳐진 말이다. 이미 기旣는 밥그릇 백白과 숟가락 비匕, 사람이 뒤를 보는 목맥 기旡가 합쳐진 것이다. 막 식사를 마친 모습이다. '이미', '벌써'라는 뜻이다. 우스갯소리 같지만 요즘 개념 없는 사람더러 '개념을 밥 말아먹었냐'고 욕하는데 아주 근거 없이 생긴 말은 아닌 것 같다.

어쨌든 이미 기旣는 나무 목木과 합쳐서 평미레 개槪가 되었다. 평미레는 말이나 되에 곡식을 담고 그 위를 평평하게 밀어서 깎는 원기둥 모양의 나무 방망이다. 평미레 질을 하고 나면 한 말이나 한 되가 된다. 평미레가 이미 지나갔으니 말이 되고 되가 된다. 그렇게 정확한 측정을 끝내야 비로소 거래가 이뤄진다.

요즘 가게에서 저울로 무게를 잴 때는 600g이었는데, 집에 오면 500g으로 줄 때가 있다. 저울 눈금을 조작한 것이다. 예나 지금이나 측정 때문에 다투는 건 매한가지다. 평미레는 원래 평평하게 만드는 것이지만 부패한 관리들이 곡식을 세금으로 거둘 때는 희한하게 고봉을 만드는 평미레를 쓰기도 했다. 조선 세종 때는 말과 되뿐만 아니라 평미레에도 낙인을 찍어 사용케 했다. 임의로 만든 평미레로 세금을 더 거두는 일이 없게 하기 위해서였다.

평미레는 이제는 재래시장의 쌀가게에서나 찾아볼 수 있지만, 그 정신은 언어로 남았다. 전체에 대한 대강의 논설인 개론概論, 요점을 뭉뚱그려 대강 총괄하는 개괄概括, 대강의 요점인 개요概要 등과 같이 평미레는 되나 말에서 튀어나온 군더더기를 밀어냄으로써 본질을 규정하는 기능을 한다.[25]

우리 시대에 평미레를 가장 잘 사용해서 성공한 사람은 스티브 잡스다. 스티브 잡스는 2007년 1월 9일, 샌프란시스코에서 열린 맥월드에서 아이폰을 직접 선보이면서 개념概念과 혁신을 얘기했다.[26]

"오늘은 제가 2년 반 동안 기다려 온 날입니다. 때로 모든 것을 바꾸는 혁명적인 제품이 나오죠. 자신의 인생에서 한 번이라도 이런 혁신을 진행해 본 사람이라면 매우 운이 좋은 사람일 것입니다. 애플은 운이 정말 좋았습니다. 그동안 몇 가지 제품을 세

---

25 손인철, 《한자 학습 혁명》(어학세계사, 2006)
26 유튜브, "스티브 잡스 아이폰 프레젠테이션", https://www.youtube.com/watch?v=EEEPkThgKM4

상에 소개할 수 있었으니까요. 1984년 애플은 매킨토시를 출시했습니다. 매킨토시는 단지 애플만 바꾼 것이 아니었습니다. 컴퓨터 산업 전체를 바꿔버렸습니다. 2001년에는 아이팟을 발표했고, 이것은 우리가 음악을 듣는 방식만 바꾼 것이 아니었습니다. 음악 산업 전체를 바꿔버렸죠. 오늘, 우리는 앞서 말했던 종류의 세 가지 혁신적인 제품을 발표하려 합니다."

그리고 나서 그는 드디어 아이폰의 개념을 위트 넘치게 설명한다. "첫 번째로, 터치로 컨트롤할 수 있는 와이드 스크린 아이팟입니다. 두 번째로, 혁신적인 모바일 폰입니다. 세 번째는 상식을 뛰어넘는 인터넷 커뮤니케이션 디바이스입니다. 자, 세 가지 제품입니다. 터치로 작동하는 와이드 스크린의 아이팟, 혁신적인 모바일 폰, 상식을 뛰어넘는 인터넷 커뮤니케이션 디바이스. 아이팟, 폰, 인터넷 커뮤니케이터. 아이팟, 폰... 뭔지 감이 오세요? 이것은 세 가지 디바이스가 아닙니다. 단 1개의 디바이스입니다. 그리고 그 이름은... 아이폰. 오늘, 오늘부로 애플은 모바일 폰을 재탄생시킬 겁니다."

스티브 잡스의 발표는 여기서 끝나지 않는다. 진짜는 다음에 나온다. 그는 어떻게 아이폰의 개념을 만들었을까? "스마트폰이라 불리는 최신 휴대폰들에 대해 이야기해보죠. 그것들은 전형적으로 전화기에다가 이메일 기능, 인터넷 기능, 그러니까 이것들을 한 가지 디바이스 안에 섞어 놓은 것입니다. 그리고 작은 플라스틱 키보드가 있지요. 하지만 문제는 스마트하지 못하다는 것이고 쓰기도 쉽지 않다는 것이죠."

스티브 잡스는 파워포인트에서 XY축을 그려 개념을 설명하기 시작한다. "스마트 축과 쉬운 사용법 축을 그래프로 그려보면 일반적인 휴대폰은 바로 여기에 위치합니다. 별로 스마트하지도 않고 사용법이 쉽지도 않죠. 앞서 말한 스마트폰은 조금 더 스마트하지만 사용하기는 매우 어렵습니다. 정말 복잡합니다. 기본적으로 탑재된 것들이 말이죠. 사람들은 그것들을 어떻게 활용하는지 터득하는 데 어려움을 겪습니다. 우리는 이런 것을 만들고 싶지 않았고 원하지도 않았습니다. 우리가 하고 싶었던 것은 지금까지 나왔던 그 어떤 모바일 디바이스보다 훨씬 더 스마트할 수 있는 제품을 만드는 것이었습니다. 사용하기도 정말 쉽게 말입니다. 그것이 바로 아이폰입니다."

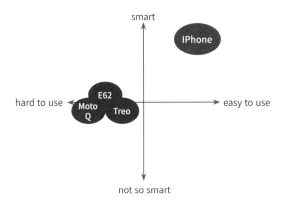

스티브 잡스는 사용의 편리성^{X축}과 스마트함^{Y축} 위에 기존 스마트폰과 아이폰을 떨어뜨려 배치한다. 그럼으로써 기존 스마트폰과 아이폰을 대비시킨다. E62는 스마트하고, Treo는 사용하기 편하고, Moto Q는 스마트하지도 사용하기 편하지도 않다는 다양한 관념을, 셋 모두 그냥 딱히 스마트하지는 않은데 사용은 무진장 불편한 폰으로 개념화한다. 마치 고봉을 평미레로 쓰윽 밀어서 한쪽으로 몰아버린 듯하다. 그러고 나서 아이폰을 오른쪽 상단에 딱 배치함으로써 아이폰이 다른 스마트폰과 달리 탁월하게 스마트하고 월등하게 사용하기 편하다는 개념을 만든다.

인공신경망이 사람의 신경망을 흉내 내서 고안된 것처럼, ChatGPT의 학습 방식도 결국 사람이 학습하고 문제를 푸는 방식에서 나왔다. 사람과 다른 점은 문제 풀이의 횟수밖에는 없다. 하지만 사람에게 공부란 끊임없이 반복해서 기쁨을 느낄 만한 것은 아니다. 취미나 놀이도 수백, 수천, 수만 번 하면 지겹고 지치기 마련이다. 끊임없이 공부하는 일이 얼마나 어려우면 공자가 맨 처음 한 말이 '학이시습지 불역열호'이겠는가.

그러나 사람과 달리 AI에게 지겨움은 없어 보인다. 전원이 끊기지만 않는다면 지치지도 않는다. AI는 문제 내기든 풀이든 학습이든 연습이든 무한히 반복할 수 있다. 그러다 어느 때가 되면 사람의 학습 능력에 가까워지거나 그 능력을 뛰어넘는다. 그렇다면 사람은 이제 반복된 문제 풀이보다 새로운 문제를 만드는 일에 매진해야 하지 않을까? AI의 답변을 더 인간답게 평가해야 하지 않을까? AI가 반복 학습하도록 지원해야 하지 않을까?

AI도 사색할까?

사색을 그려줘.

이미지들은 깊은 사색이나 내적 성찰을 예술적으로 표현한 것입니다. 각 이미지는 고요하고 평화로운 환경에서 멀리를 바라보며 생각에 잠긴 혼자 있는 인물을 보여줍니다. 부드럽고 은은한 색상은 반성과 내적 평화의 분위기를 조성합니다.

AI의 대화

〈알쓸신잡〉에 인공지능이 출연해서 대화하면 어떻게 될까? 2017년 7월 페이스북은 인공지능 대화로봇인 챗봇[Chatbot]끼리 대화하도록 했다.[27] 처음에는 간단한 인사만 하더니 이내 "I need the hats and you can have the rest."처럼 사람이 이해할 수 있는 평이한 수준의 대화를 나눴다고 한다.

그런데 대화를 반복하니 이상한 말을 하더라다. 철수 챗봇이 "Balls have a ball to me to me to me to me to me to me to me."라고 말하면 소연 챗봇이 "I don't understand."로 얘기하고 대기해야 정상이다. 그런데 소연 챗봇이 "i i can i i i everything else."로 대답하고 다시 철수 챗봇이 또 이상한 말을 했다.

챗봇 간의 대화는 끊임없이 계속되었는데, 페이스북은 대화를 중간에 종료시켜야 했다. 혹자는 이 결과를 두고 인공지능이 서로 의사소통하고 있다고 주장한다. 인간의 언어를 학습하면서 인간이 이해하지 못하는 그들만의 언어를 만들어냈다고 주장한다. 알파고가 스스로 인간이 아직 발견하지 못한 수를 둔 것처럼 말이다.

이것은 사실 단순한 오류였다. 챗봇이 인간의 언어가 가진 통사 구조나 맥락을 제대로 이해하지 못해서 단어의 의미만 가지고 대

---

27 Insight, "인공지능, 인간 몰래 언어 만들어 대화 나누다 적발돼 '강제 종료'", 2017, http://www.insight.co.kr/newsRead.php?ArtNo=114903

화하다 보니 이런 식으로 허무맹랑한 대화가 된 것이다. 물론 지금은 ChatGPT 같은 초거대 언어 모델 덕에 AI와 자연스럽게 대화할 수 있다.

아이폰을 쓰는 내 아내는 가끔 아이폰의 인공지능 시리^{Siri}에게 질문한다. 오늘 날씨가 어떤지, 요즘 극장에 무슨 영화가 인기 있는지, 비 오는 날에 들을 만한 음악이 뭔지 묻는다. 그러면 시리는 오늘 동네 날씨를 알려주고 최신 개봉작을 읊어주고 적절한 음악을 틀어 준다. 아무 때나 "시리야~"하고 부르면 시리가 응답한다.

인공지능 스피커도 마찬가지다. 아마존이 개발한 에코의 인공지능 이름은 알렉사다. "알렉사~"하고 부르면 대답한다. 네이버가 만든 인공지능 스피커도 마찬가지다. 우리는 "클로바~" 대신 "짱구야~"하고 이름을 바꿔 부른다. 늘 대기 모드라서 진짜 비서 같다. 이런 인공지능에게는 무엇이든 물어볼 수 있다. 그러면 인공지능이 스마트폰이나 인터넷에서 정보를 검색해서 알려준다. ChatGPT도 마찬가지다. 최신 정보를 물어보면 3.5 버전은 모른다고 대답한다. 4 버전은 유료인데, MS의 검색엔진인 Bing에서 검색해서 대답을 찾아 알려준다.

검색과 사색

검색^{檢索}의 색^索은 찾을 색이다. 누에고치에서 실의 끄트머리, 실마리를 뽑아내는 모습이다. 이후에 어두운 곳에서 새끼줄을 꼬기 위해 실마리를 찾거나 해서 '더듬다'는 의미가 나왔다. 손으로 더듬거나 뒤져서 찾는다는 뜻이다.

샅샅이 뒤져서 찾아내는 것을 색출^{索出}이라 한다. 찾아낸 실마리가 정보로 이어지는 것을 색인^{索引}이라 한다. 수색^{搜索}은 집 안에서 햇불을 들고 찾듯이 구석구석 뒤져가며 찾는 것이다. 탐색^{探索}은 깊이 잠겨 있거나 드러나지 않은 사물이나 현상을 찾아서 드러내는 것이다. 우주 탐색이나 별자리 탐색이 그렇다. 모색^{摸索}은 일이나 사건을 해결할 수 있는 방법이나 실마리를 찾아내는 것이다. 클로바는 검색^{檢索}을 잘한다. 'Search'는 수색이나 찾기의 뜻인데 검색으로 번역해서 사용한다.

인터넷 검색엔진은 크롤링, 색인, 알고리즘, 정책으로 이루어진다. 크롤링은 웹 크롤러라는 소프트웨어를 사용하여 공개된 웹페이지를 찾아 내용을 긁어오는 활동을 말한다. 흔히 봇^{bot}으로 표현하는데, 구글은 구글봇, 네이버는 네이버봇이다. 봇은 일정한 시간 주기로 정해진 웹페이지의 정보를 수집한 뒤 그 페이지 안의 링크를 타고 들어가서 또 웹페이지를 수집한다. 이런 과정을 계속 반복한다. 봇이 크롤링할 사이트와 횟수, 각 사이트에서 가져올 페이지는 사이트 운영자가 결정하기도 하지만 대부분 검색엔진의 정책에 따라 결정한다.

이렇게 수집한 웹페이지의 내용은 색인^{index}을 만들어 저장한다. 마치 도서관에서 책을 찾기 쉽도록 색인 카드를 붙여놓은 것과 비슷하다. 색인 과정은 검색 결과를 보여주는 것과 직결되므로 알고리즘과 연결된다. 사용자의 질문을 받아 답변으로 바꿔주는 알고리즘을 잘 만들려면 처음부터 색인을 잘해야 한다. 구글은 사용자가 검색어를 입력하면 200개 이상의 단서를 이용해서 사용자가 진짜 원하는 것이 무엇인지 추측하여 결과를 보여준다.

이런 과정은 언뜻 보면 간단해 보이는데 실제로는 그렇지 않다. 예를 들어 '아기 사진'을 검색했는데 불법 성인사이트의 전라 사진을 보여줘서는 안 된다. 이것은 법적인 문제도 있다. 또 해킹이나 불법 광고 등의 목적으로 운영되는 웹페이지도 많다. 이런 웹페이지를 수집하지 않거나, 수집은 하되 별도의 색인으로 관리해야 한다.

사용자의 질문에 적절한 답이 없을 때나 반대로 답이 많을 때 어떤 것을 먼저 보여줄 것인지도 결정해야 한다. 네이버는 지식인, 어학사전, 뉴스 등 카테고리별로 검색 결과를 보여주므로 어떤 카테고리를 화면 위에 배치할 것인지 정해야 한다. 이 모든 것은 정책이 결정한다. 정책은 곧 판단 기준이다. 기준을 어디에 둘 것이냐에 따라 네이버 검색과 다음 검색과 구글 검색이 다른 결과를 보여준다.

우리가 검색어를 입력해서 얻는 대답은 이렇게 이미 정해진 기준에 따라 나온 결과다. 그런데 만약 검색엔진에 기준이 없으면 어떻게 될까? 다시 말해 기준에 없는 질문을 하면 어떤 대답이 나올까? "야구에서 홈런으로 판정하는 기준이 뭐야?" 같은 질문이 아니다. 지식을 묻는 질문이 아니다. 기준을 요구하는 질문은 이런 질문이다.

"넌 어떻게 생각해?"

내 아내는 짓궂게도 시리에게 이런 질문을 한다. "시리야~ 안드로이드 폰에 대해 어떻게 생각해?" "시리야~ 오늘 날씨에 대해 어떻게 생각해?" "시리야~ 사랑이 무엇이라고 생각해?" "시리야~ 죽음이 무엇이라고 생각해?" 그러면 시리는 묵묵부답이거나 동문서답을 한다. 검색엔진은 스스로 기준을 만들어내지 못한다. 검색엔진이 검색은 잘하지만 사색은 못한다.

사색思索은 깊이 생각해서 해법을 모으는 것이다. 곤란한 일이나 해내기 어려운 문제에 대한 답이나, 세상을 살아가는 나만의 이치나 기준을 찾아내는 것이다. 나의 주인으로 살려면 나만의 기준을 가져야 한다. 나의 기준을 가지려면 나의 내면으로 깊숙이 기준의 실마리를 찾으러 가야 한다. 이것이 사색이다. 검색엔진은 크롤링, 색인, 알고리즘, 정책으로 이루어졌다. 사람의 뇌도 감각認知, 메타 인지, 지식, 생각으로 이루어졌다. 인공지능의 크롤링은 사람의 감각이다. 색인은 메타 인지, 알고리즘은 지식이다. 정책은 생각 중에서 사색에 해당한다. 감각과 메타 인지와 지식만으로 답을 낼 수 있다면 사색이 필요 없다. 이런 것은 기억력으로 충분하다.

기억력은 생각이 아니다. 영어 단어를 외우는 것은 생각이 아니다. 영어 문장을 말하는 것도 생각이 아니다. 상대가 "How are you?"라고 했을 때 "Fine, thank you and you?"라고 하는 것은 알고리즘이다. 생각은 '매우' fine하고 싶거나 '별로' fine하고 싶지 않을 때 필요하다. 즉, 검색엔진의 한계 때문에 AI 개발을 고민하듯 사람도 고민이 생기면 사색한다.

소크라테스의 사색

고민^{苦悶}은 마음이 괴롭고 애가 타는 것이다. 고^苦는 오래된 풀, 또는 씀바귀처럼 입에 쓴 나물을 말한다. 이런 풀이나 나물을 먹으면 괴롭다. 민^悶은 문^門과 마음^心이 합친 것이다. 정확히는 마음이 문에 머문 것이다. 문간에 서서 들지도 나지도 못하는 모습이다. 어찌해야 할지 몰라 마음을 졸이고 안타깝고 답답하다. 이런 심정이 생기면 어떻게든 판단을 해야 한다. 그런데 딱히 기준이 없다. 누가 기준이라고 알려줘도 마음에 안 든다. 그래서 사람은 고민하고, 그래서 사색한다.

인간에게 가장 큰 고민은 무엇일까? 사랑? 직장? 돈? 아니다. 죽음이다. 소크라테스의 죽음은 플라톤을 낳았고 플라톤은 서양의 사색을 낳았다. 소크라테스는 악법도 법이라며 독배를 들고 그의 제자들과 철학자의 죽음에 대해 사색한다. 아니 정확하게는 대화한다.

미국의 최대 공립대학인 캘리포니아대 샌디에이고 공대는 코로나 사태 이후에 학부생을 대상으로 구술시험을 쳤다. 일반적으로 대학 시험은 글로 쓰는 서술 시험이지 말로 하는 구술시험은 거의 없다. 그런데 코로나로 원격 시험을 보면서 학생들이 부정행위를 많이 하기 시작했다. 어차피 화면에서 보이지 않으니 옆에 책을 두고 베끼거나 브라우저를 열어 검색해서 답을 찾는 것이다. 여기에 ChatGPT가 들어와서 ChatGPT에게 답을 묻고 그대로 붙여넣어 시험을 치는 경우가 늘었다.

서술 시험은 단순한 지식 습득을 평가하는 데에 좋다. 하지만 '왜'와 '어떻게'와 같은 사색을 평가하는 데는 구술시험이 더 좋다. 구술시험은 지식의 연결고리를 찾는 데 엄청난 도움을 준다. 사색이란 것이 혼자 고민하는 것일 수도 있지만, 말로 할 때나 대화할 때 더 잘 된다는 말이다.

소크라테스는 구술 사색을 했다. 소크라테스는 죽음을 영혼과 육체의 분리로 생각한다. 죽는다는 것은 이 분리의 완성이라고 본다. "영혼이 육체를 떠나 홀로 있고, 또 육체가 영혼을 떠나 홀로 있으면 이것이 다름 아닌 죽음이 아니고 무엇이겠는가."

그는 죽기 전에 제자에게 철학자의 도리를 묻는다. "철학자는 먹고 마시고 하는 쾌락에 마음을 써서 좋을 것인가?" 제자들은 아니라고 답한다. "연애 같은 것에 대해서는 어떠한가? 이런 것에 마음을 써도 좋을까?" 역시 아니라고 답한다. "그러면 그 밖의 여러 가지 신체의 향락에 대해서는 어떠한가? 가령, 값진 옷이나 신발, 혹은 이 밖의 여러 가지 몸치장을 야단스럽게 추구할 것인가? 오히려 이런 것들을 경시할 것인가? 어떻게 생각하오?" 제자들은 경시하리라 답한다. "그러면 그런 사람은 전적으로 영혼에 마음을 쓰고 육체에 관해서는 마음을 쓰지 않는다고 생각한단 말이지! 즉, 될 수 있는 대로 육체에 관해서는 생각을 멀리하고 영혼에 대해서 생각을 돌린다는 말이지?" 제자들은 그렇다고 답한다.

소크라테스는 질문으로 대화를 이어 나간다. "그러면 지식의 획득에 대해서는 어떻게 말할 것인가? 육체가 지식의 탐구에 가담할 때 그것은 방해가 되겠는가, 도움이 되겠는가? 보는 일이나 듣는 일에 무슨 진리가 깃들겠는가? 시인들 말처럼 육체는 부정확한 것을 제공해 주는 것이 아니겠는가 말일세. 그런데 이것들마저 부정확하고 불분명한 것이라면, 나머지 감각에 대해서는 어떻다고 말할 것인가? 시각이나 청각은 감각 가운데 최선의 것이네. 그러면 영혼은 언제 진리에 도달하는가? 육체와 더불어 무엇을 탐구하려 하면 영혼은 속을 것이 뻔하니 말일세."

소크라테스는 육체의 감각을 부정함으로써 그로 인한 지식마저 부정한다. "그러면 어떤 것이 참으로 드러나는 일이 있다고 하면 그것은 생각 속에서 그렇게 되는 것이 아니겠는가? 그리고 생각은, 정신이 자기 자신에 돌아갔을 때, 즉 청각이나 시각이나 또 고통이나 쾌락이 정신을 괴롭히는 일이 전혀 없을 때 가장 잘되는 것이 아닐까? 다시 말하면 영혼이 육체를 떠나 되도록 그것과 상관하지 않을 때, 영혼이 육체적 감각이나 욕망을 전혀 갖지 않고 참 존재를 갈망할 때 가장 잘 생각하게 되는 것이 아닐까?" 제자들은 옳다고 답한다.

"그런데 이런 것 좀 생각해 보세. 정의正義란 것이 있을까?" 제자들은 있다고 답한다. "아름다움 자체와 선 자체는 어떤가?" 물론 있다고 답한다. "그런데 자네들은 이런 것을 눈으로 본 일이 있나?" 제자들은 없다고 답한다. "혹은 신체의 다른 어떤 감각으로 이런 것에 도달한 적이 있는가?" 제자들은 없다고 답한다. "그렇다면 우리 가운데 가장 날카롭게 그리고 가장 정확하게 탐구 대상의 본질을 파악하려고 노력하는 사람만이 참 인식에 가장 가까이 나아갈 수 있는 것이 아닐까? 그리고 순전히 정신만 가지고 생각하며, 시각이나 그 밖의 감각을 끌어들이지 않고 정신 자체의 밝은 빛만으로 진리를 탐구하는 사람만이 이상의 탐구 대상을 가장 순수하게 인식하게 되는 것이 아닐까? 즉, 눈이나 귀, 아니 온 신체가 영혼과 관련되면 영혼이 진리와 인식을 얻는 것을 방해한다고 보고, 가능한 한 이런 것과 관계를 끊고 이런 것에서 벗어난 사람이야말로 참 존재의 인식에 도달할 수 있지 않을까?" 제자들은 "놀라운 진리의 말씀입니다. 오, 소크라테스."라고 답한다.

소크라테스는 이제 결론을 내린다. "우리가 육체와 더불어 있는 동안, 그리고 영혼이 좋지 못한 것과 섞여 있는 동안, 우리의 소원은 이루어지지 못하네. 무릇 육체란 먹고 살아야 하는 것인데, 이것만으로도 우리에게는 끝없는 골칫덩어리가 되는 것이오, 또 병이라도 드는 날에는 참 존재에 대한 우리의 탐구를 방해하는 것일세. 또 그것은 우리를 애정과 정욕과 공포와 온갖 공상과 끝없는 어리석음으로 가득하게 하여, 생각하는 능력을 우리에게서 빼앗아 가는 것일세. 우리가 철학 하는 데 쓸 시간이 없는 거지. 영혼이 육체와 함께 있는 동안은 순수한 인식을 가질 수 없다고 하면 살아서는 인식에 전혀 도달할 수 없든가, 아니면 죽은 후에야 도달할 수 있든가."

이제 제자들은 소크라테스의 죽음을 인정할 수밖에 없다. "이것이 진리라고 하면, 내가 이제 인생의 여로 마지막인 지금, 일생추구해 온 것에 도달하리라는 희망을 품을 충분한 이유가 있네. 그러므로 나는 나의 갈 길을 큰 기쁨을 가지고 가는 것일세. 나뿐만 아니라 정신의 각오가 되어 있고 정신이 순화되었다고 믿는 사람이면 누구나 기쁜 마음으로 이 길을 갈 것일세."

소크라테스는 자신의 죽음을, 철학자의 죽음을, 억울한 죽음을 설명할 기준을 찾았다. 그것도 모든 육체의 감각을 부정하고 오직 정신의 생각만으로 찾아야 하며 그것이 진리라고 믿는다. 제자들은 옳다고 한다. 하지만 과연 그가 찾은 기준이 진리일까? 그가 정답을 얘기하는 것일까?

검색엔진은 정답을 찾기 위해 만들어졌다. 우리는 검색엔진을 통해 문헌을 찾고 그 출처를 밝힌다. 그런데 ChatGPT 같은 생성 AI의 대답은 출처로 쓸 수 없다. 다시 그 대답을 하리라 기대할수 없기 때문이다. 사실 AI는 정답을 제시하는 분류 AI와 대화하고 사색하는 생성 AI로 나뉜다. ChatGPT 같은 생성 AI는 처음부터 정답을 제시하기 위해 만들어진 것이 아니다.

2023년 2월에 AI와 대화하며 사색한 책이 나왔다. 카이스트 김대식 교수의 《챗GPT에게 묻는 인류의 미래》[동아시아, 2023]가 그것이다. 출판사의 말에 따르면, 그는 AI와 사랑이나 정의, 죽음, 신

등 사람도 쉽게 이야기하기 어려운 형이상학적인 주제에 대하여 온갖 자료를 바탕으로 한 폭넓은 논의를 이어 나간다. 물론 ChatGPT가 정답을 알려준 것은 아니다. 단지 서로 대화한 것뿐이다. 검색엔진과 ChatGPT의 차이는 어쩌면 대화일 것이다. 대화가 가능하다는 말은 서로 사색을 할 수 있다는 말이 아닐까?

AI에게 질문을 잘해야 할까?

질문을 그려줘.

이미지들은 질문과 호기심의 개념을 창의적이고 추상적으로 표현한 것입니다. 각 이미지는 중앙에 크고 스타일화된 물음표와 그 주변에 호기심을 상징하는 다양한 기호들로 구성되어 있습니다.

질문과 사고

ChatGPT가 나왔을 때 전문가들은 AI에게 어떻게 질문해야 하는지 주목해야 한다고 했다. 사람이 AI에게 질문을 잘해야 원하는 답을 얻을 수 있다고 한다. AI에게 하는 질문을 프롬프트[Prompt]라고 한다. 기술적인 프롬프트를 쓰기 위해 프롬프트 엔지니어링[Prompt Engineering]이라는 분야도 생겼다. 과연 사람의 역할이 AI에게 질문하는 것일까?

질문은 원래 논쟁이었지만, 현대에 와서 질문은 모르는 사람이 아는 사람에게 답을 구하는 방법이 되었다. 질문하는 사람과 대답하는 사람을 엄격히 나눈다. 모르는 사람은 제자고 아는 사람은 스승이다. 이 전제로 시작하면 질문은 제자로부터 스승에게로만 끝이 난다. 제자는 답을 기대하고 스승도 답을 말해야 하니 모두 소신을 가지기 어렵다. 책에 있는 대로 말해야 후한이 없다. 알면 대답하고 모르면 책을 뒤진다. 이렇게 해서는 서로가 아무 발전이 없다. 게다가 그런 쓸데없는 스승마저 사라지면 누구에게 질문할 텐가?

사고[思考]의 사[思]는 머리와 마음으로 곰곰이 하는 생각이다. 고[考]는 긴 흰머리[또는 수염] 노인[耂]과 꾀가 좋은 교[丂]가 합한 말이어서 지혜를 가진 아버지를 뜻한다. 그런데 돌아가신 아버지다. 그래서 아버지나 할아버지 제사를 지낼 때 위폐 대신 쓰는 지방에 고[考]를 쓴다.

아버지 지방은 현고학생부군신위顯考學生府君神位라고 쓴다. 현顯은 모습을 나타낸다는 뜻이다. 고考는 돌아가신 아버지이므로, 할아버지 지방을 쓸 때는 조고祖考라고 쓴다. 학생學生은 벼슬 없이 돌아가신 경우에 쓰고 만약 벼슬이 있었으면 벼슬 이름을 쓴다. 부군은 남자 조상을 일컫는다. 신위는 영혼이 머무른 자리라는 뜻이다. 조선시대 때 제사는 양반만 지내는 것이고 양반은 과거를 봐서 벼슬을 해야 했다. 하다못해 지방고시라도 합격해야 진사進士나 생원生員이 붙는다.

이런 벼슬은 지금 식으로 말하면 공무원이다. 근데 공무원이 아니어도 벼슬이 많은 요즘 시대에 일일이 직함을 쓸 수 없으니 퉁쳐서 학생學生이라 붙인다. 부군府君도 마찬가지다. 마을의 큰 어른이라는 의미로 썼다. 그러니까 학생부군은 벼슬 없는 마을 큰 어른이다. 그래서 혹자는 지방 쓰는 법을 바꾸자고 주장한다. 아버지 성함이 이몽룡이면 현고이공몽룡신위顯考李公夢龍神位라고 하는 편이 현대에 맞다. 대가족이어서 눈치가 보인다면 본적을 넣는 것도 방법이다. 현고전주이공몽룡신위顯考全州李公夢龍神位라 하면 좋다.

어떤 것을 깊이 생각하고 살펴서 연구하는 것을 고찰考察이라 한다. 참고參考는 다른 것을 가져다가 비교하거나 재료로 삼는 일이다. 참參은 참석參席, 참여參與로 쓰이니 젊은이들이 옹기종기 모여서 흰머리 가득한 어르신 말씀을 듣는 모양이다.

대학수학능력시험 평가는 과거에 학력고사學力考査였다. 고사考査는 원래 자세히 살펴서 조사한다는 뜻인데, 학생들의 학업 성적을 평가하는 시험으로 사용했다. 시험 보기 전에 미리 보는 것을 모의고사模擬考査라고 한다. 사법고시, 행정고시, 외무고시에 쓰는 고시考試는 원래 공무원 채용 시험을 말한다. 5급 이상 시험을 고등고시高等考試라고 하는데, 이 말이 줄어 고시高試라고 쓴다. 고시에 통과해서 공무원이 되면 승진을 해야 한다. 승진할 때 고과考課를 본다. 이 말은 직원이 한 일을 자세히 살펴서 등급을 매긴다는 뜻이다.

이렇게 보면 사고의 대상은 과거의 것인 것 같다. 미래는 상상할 대상이지 사고할 대상이 아니다. 이상을 꿈꿀 수 있어도 사고를 꿈꾸듯 해서는 안 된다. 사고는 과거 지식을 배운다는 뜻이므로 연구 논문의 고찰이나 학교 수업의 참고서, 기말고사나 고시가 모두 과거의 지식을 살피거나 평가하는 것이다.

윤편의 질문

《장자》 외편 천도편에 수레바퀴 깎는 윤편輪扁이라는 사람의 이야기가 나온다. 제齊 나라 왕 환공桓公이 대청 위에서 책을 읽고 있었다. 윤편이 대청 아래에서 수레바퀴를 깎고 있다가 망치와 끌을 놓고 대청 위를 쳐다보며 환공에게 물었다. "대왕께서 읽고 계신 것이 무슨 책입니까?" "성인聖人의 말씀이니라." "그 성인은 지금 살아 계십니까?" "벌써 돌아가셨느니라." "그렇다면 대왕께서 지금 읽고 계신 책은 옛사람의 찌꺼기입니다." 환공이 벌컥 화를 내면서 말했다. "과인이 책을 읽고 있는데 수레바퀴나 만드는 네놈이 감히 시비를 건단 말이냐? 합당한 설명을 한다면 괜찮겠지만 그렇지 못하면 죽음을 면치 못할 것이다."

윤편이 대답했다. "제가 하는 일의 경험에서 말씀 드리겠습니다. 수레바퀴를 깎을 때 많이 깎으면 굴대가 헐거워서 튼튼하지 못하고, 덜 깎으면 빡빡하여 굴대가 들어가지 않습니다. 더도 덜도 아니게 정확하게 깎는 것은 손짐작으로 터득하고 마음으로 느낄 수 있을 뿐, 입으로 말할 수는 없습니다. 물론 더 깎고 덜 깎는 그 어름에 정확한 치수가 있을 것입니다만, 제가 제 자식에게 깨우쳐 줄 수 없고 제 자식 역시 저로부터 전수받을 수가 없습니다. 그래서 나이 70임에도 불구하고 손수 수레바퀴를 깎고 있는 것입니다. 옛 성인도 그와 마찬가지로 가장 핵심적인 깨달음은 책에 전하지 못하고 세상을 떠났을 것입니다. 그러니 대왕께서 읽고 계신 것이 옛사람들의 찌꺼기일 뿐이라고 말씀드린 것입니다."

책을 읽는 것은 독서다. 독서만 하고 사고하지 않으면 찌꺼기만 가득하다. 독서할 때는 사고도 해야 한다. 서강대학교 철학과 최진석 교수는 윤편의 말을 이렇게 해석한다.[28] "윤편은 왜 성인들의 말씀이 찌꺼기라고 했을까요? 이 세계에 진정으로 존재하는 것은 사건인가요, 이론인가요? 사건은 존재합니다. 이론은 모두 사건을 정리해 놓은 기록에 불과합니다. 그렇다면 사건은 정지해 있나요, 움직이나요? 움직입니다. 그러나 사건의 기록인 이론은 정지해 있습니다. 그런데 우리가 실제로 접촉하는 것은 사건입니다."

---

28 최진석 외, 《나는 누구인가》(21세기출판, 2014)

이론理論의 논論은 언言과 윤侖이 합한 말이다. 윤侖은 죽간으로 된 책을 둥글게 말아놓은 모습이다. 둥글다, 생각하다는 뜻이 여기서 나왔다. 책과 말이 같이 있으니 논論은 많은 책을 앞에 두고 서로 자기 생각을 말하는 것이다. 《논어論語》는 제자들의 토론論과 공자의 말씀語이 든 책이다.

수레바퀴를 깎는 윤편의 윤輪은 수레에서 둥근 것이 바퀴이므로 둥근 바퀴를 뜻한다. 바퀴는 계속 굴러야 한다. 구르지 않고 정지하면 바퀴가 아니다. 윤편은 구르는 바퀴를 만든다. 헐겁지도 빡빡하지도 않게 깎는다. 이런 둥근 바퀴 달린 수레가 많은 사람에게 책을 가져다주었으니 윤輪이 곧 논論이다. 연륜年輪은 나이를 알 수 있는 둥근 바퀴, 즉 나무의 나이테다. 윤편은 연륜年輪으로 제나라 환공과 논論한 것이다.

논論은 각자 자기 생각을 말하는 것이니 자연스럽게 다툼으로 진행한다. 논쟁論爭과 격론激論이 벌어진다. 사람과 사물의 이치를 다룬 책을 앞에 두고 왜 다툴까? 책은 찌꺼기기 때문이다. 찌꺼기를 앞에 두고 읽고 외우기만 하면 다툴 것이 없다. 서로 자기 생각을 얘기하고 다른 생각을 들어보면서 책의 내용이 옳은지 그른지 바른지 틀린지 깊이 헤아리고 자세히 살펴보고 꼼꼼히 관찰하고 하나씩 따져보아야 다툴 일이 생긴다.

사고란 이런 것이다. 그냥 곰곰이 생각하는 것이 아니라 다른 사람의 생각을 비판하는 생각이다. 다른 사람의 주장에서 틀린 것을 바로잡고 애매모호한 것을 가르고 자기 생각을 다시 맞추어보는 것이 비판적 생각이다. 비판적 생각은 미래로 가는 발돋움이다. 사고는 과거를 교훈 삼아 미래를 생각하는 것이므로 어쩔수 없이 과거를 거슬러야 한다. 과거를 거슬러야 하니 다툴 수밖에 없다. 과거를 비판하고 미래를 예측하는 것이 사고다. 돌아가신 아버지가 나를 키운 것과 다른 생각으로 자식을 키워야 세상이 발전한다.

정약용의 질문

KBS가 2010년 가을에 방영한 〈성균관 스캔들〉은 조선시대 금녀의 공간 성균관에서 벌어지는 청춘 4인방의 성장 멜로드라마이자 퓨전 역사극이다. 정은궐 작가가 2007년에 쓴 소설 〈성균관 유생들의 나날〉이 원작이다. 그는 그 전에 〈해를 품은 달〉도 썼는데, 2012년에 드라마로 방영되었다. 〈성균관 스캔들〉은 조선시대의 유교 문화와 당쟁을 보여주며 시대상을 잘 그려냈다. 성균관 유생이라는 신선한 인물들의 로맨스를 펼쳐 많은 사랑을 받았다.

이 드라마 얘기를 꺼낸 것은 정약용 때문이다. 4화에 정약용이 수업하는 장면이 나오는데 반전이 기가 막히다. 정약용이 항아리를 들고 와서 자기소개를 한다. "이번 학기 동안 논어재 강의를 맡은 정약용이다." 그런데 유생 김우탁이 스승의 말을 잘라버린다. "성적 처리는 어떻게 하실 생각입니까?" 해원이 김우탁 옆구리를 치며 말리려 하자 김우탁은 뭐가 중요하냐며 역정을 낸다. 정약용은 뜬금없이 항아리를 서탁에 올려놓는다.

"맞는 말이다. 내 수업시간에 불통이 다섯이면 낙제! 수업이든 활동이든 성균관에서 낙제가 셋이면 출재와 동시에 청금록 영삭인 건 알고들 있을 테고… 그래서 준비했다." 그는 웃으면서 항아리를 들어 보여준다. "성의껏들 채워주기 바란다. 내 성적에 적극 반영하지."

정약용이 단지를 돌리자 다들 망설이다 돈이며 금반지며 호박 단추며 자기가 가진 재물을 항아리에 넣었다. 정약용이 말을 이었다. "감동적일세. 누군가에게 이 항아리는 요강으로 보일 걸세. 누군가에게 이 항아리는 그릇으로도 보이겠지. 모자로 보는 이는 없겠지? 내 눈에 이 항아리는 화수분일세." 정약용은 갑자기 항아리에서 색색의 비단을 꺼냈다. 약과도 꺼내 유생들에게 던졌다. 유생들은 마술을 보고 박수를 보냈다. 그때 이선준이 그만두라고 소리쳤다. "지금은 논어재 시간입니다! 어찌 서역의 잡기로만 귀한 상유들의 시간을 탕진하십니까. 실학을 중시하는 까닭에 경학과 고전은 필요 없다 여기시는 겁니까."

정약용이 갑자기 일어서더니 항아리를 바닥에 떨어뜨려 깨버린다. 그리고 말한다. "논어 위정편 군자불기君子不器에 대해 강講했네. 군자는 한정된 그릇이 아니다. 진리를 탐하는 군자라면 갇혀 있는 그릇처럼 편견에 치우쳐선 안 된다 강했네. 서역의 잡기에선 배울 게 없다는 건 무슨 고약한 편견이며 정약용이란 놈이 서학을 좀 했다 해서 고전을 싫어할 거란 무지몽매함은 참… 용감하기도 하군." 정약용은 쓴웃음을 짓고 계속 얘기한다.

"논어 학이편 학즉불고學則不固에 대해 강했네. 지식이 협소한 사람은 자칫 자신의 좁은 생각에 사로잡혀 완고한 사람이 되기 쉬우니 학문을 갈고 닦아 유연한 머리로 진리를 배우라 강했네. 왜? 너희는 더 이상 사부학당의 신동도 사랑채 책벌레도 아닌 국록을 받는 성균관 유생들이다! 백성의 고혈로 얻어낸 학문의 기회다. 부지런히 배워서 갚아라. 이 땅, 백성들의 더 나은 내일, 새로운 조선을 꿈꾸는 건 제군들의 의무다!! 우리 제발 밥값들은 좀 하면서 살자!!"

유생들은 다들 놀라는 기색이다. 정약용은 이제 성적을 발표한다. "오늘 수업의 성적을 발표하지. 김우탁, 불통. 배해원 불통. 안도현 불통. 김윤식 불통. 문재신 불통. 이상철 불통. 이선준.... 통." 윤희가 여쭌다. "한데 스승님. 어째서입니까? 수업 내용에 반대하는 이선준 유생에게 왜 통을 주신 겁니까?" 정약용이 대답한다. "그래서다. 이 엉터리 수업에 불만을 제기한 유일한 학생이니까. 지혜는 답이 아니라 질문에 있다."

그는 항아리 조각 하나를 들어 보인다. "내가 너희에게 보여준 세상은 사라졌다. 스승이란 이렇게 쓸데없는 존재들이지. 그러나 스스로 묻는 자는 스스로 답을 얻게 돼 있다. 그것이 이선준이 통인 이유다. 논어가 뭔지 아나? 김윤식 상유?" 윤희가 대답한다. "공자의 어록입니다." 그때 정약용이 성균관 스캔들에서 가장 유명한 어록 중 하나를 남긴다.

"그래, 공구라는 고지식한 늙은이와 똘똘한 제자들이 모여서 어떤 세상을 만들 것인가 박 터지게 싸운 기록들이다. 불만이 있으면 언제든지 찾아와라. 한 학기 동안 우리도 박 터지게 싸워보자! 수업 끝!"

정약용은 자기 스스로를 쓸모없는 깨진 항아리 조각에도 비유하고 유교를 숭상하는 성균관에서 공자를 고지식한 늙은이로 깎아내린다. 논어를 공자와 제자가 박 터지게 싸운 기록이라 폄하한다. 그렇게 자신과 지식을 낮춰 가며 강講했다. 강講은 유생이 정약용에게 원한 것이다. 하지만 정약용이 유생에게 원한 것은 논論이다. 그래서 이선준에게만 통을 준다. 스승에게 유일하게 대들었다며 좋은 성적을 준다. 그러면서 논論하는 방법을 알려준다. "지혜는 답이 아니라 질문에 있다."

질문과 강론

과거에 질문은 강론이었다. 강講은 말로 들은 것을 나무 쌓듯이 차곡차곡 익히거나 그렇게 쌓은 것을 말로 설명한다는 뜻이다. 논論은 많은 책을 앞에 두고 서로 생각을 다투는 것이다. 강론은 아느냐 모르냐와 관련 없이 내 생각을 말하는 것이다. 그러면 상대가 내 생각의 꼬리를 물어 자기 생각을 말한다. 나는 다시 상대의 생각을 붙잡아 내 생각을 쌓아간다. 그렇게 계속 반복해서 생각을 다툰다.

강講		논論
설명하기	→	질문하기
이미 쌓은 생각	반복	쌓고 있는 생각
아래에서 위로, 안에서 밖으로	←	빈틈에서 핵심으로
답을 찾는다		문제를 찾는다

《장자》 외편 추수편에 나오는 얘기다. 장자莊子와 혜자惠子가 호수 위 다리에서 산보하고 있었다. 장자가 말했다. "피라미가 한가로이 헤엄쳐 다니고 있군. 저게 녀석들의 즐거움이겠지!" 혜자가 물었다. "자네는 물고기도 아니면서 어떻게 물고기가 즐거워하는지를 아는가?" 장자가 대꾸했다. "자네는 내가 아니거늘 어떻게 내가 물고기의 즐거움을 모를 거라고 여기는가?" 혜자가 따졌다. "내가 자네가 아니기 때문에 물론 자네를 모르네. 이를 기준으로 유추해본다면, 자네는 물고기가 아니네. 그렇다면 물고기의 즐거움을 모르는 것은 분명할 걸세!" 장자가 대답했다. "얘기의 처음으로 되돌아가 생각해 보세. 자네가 방금 내게 '물고기가 즐거워한다는 것을 어떻게 아느냐?'는 말을 한 것은 바로 나의 뜻을 알고 내게 물었던 것일 테니 내가 호수의 다리 위에서 물고기의 즐거움을 알 수 있다는 것이네."

혜자는 몰라서 질문한 것이 아니다. 장자도 몰라서 질문한 것이 아니다. 둘 다 자기 생각이 얘기한 것이다. 《장자》를 해석한 책은 보통 장자 편이어서, 장자가 처음부터 혜자의 논리가 자가당착에 빠졌음을 간파하고 대화를 이끈다고 본다. 하지만 혜자 쪽에서 보면 물고기의 즐거움을 안 것처럼 말한 사람은 장자다. 혜자는 물고기의 즐거움을 아는 장자에게 질문한 것이 아니라, 단지 장자에게 물고기의 즐거움을 알 수 없다고 얘기한 것이다.

장자는 도를 논할 사람이 많지 않아서 정치가이자 명가 사상을 창시한 혜자와 토론을 즐겼다. 혜자는 지금으로 보면 현실적 논리주의자다. 장자는 굳이 정의하자면 이상적 직관주의자다. 윗글에서 혜자는 장자의 이상적 직관을 현실적 논리로 대응한 것이다.

물고기가 정말 즐거워서 한가로이 헤엄치는 건지, 짝을 잃어 슬퍼서 이리저리 방황하는 건지, 단순히 먹이를 찾아 헤매는 건지는 다리 위에서 보는 것만으로는 알 수 없다. 장자는 자기 마음대로 즐겁다고 해석한 것이고, 혜자는 자기 논리대로 알 수 없다고 해석한 것이다. 이런 식으로 그들의 대화는 《장자》에 나오는 대화의 반을 차지한다. 혜자가 죽은 뒤에 장자는 그의 무덤 앞을 지나면서 한숨을 지었다. "자네가 떠나는 바람에 난 적수를 잃었고 토론할 사람도 없다네."

오래전에는 다들 이런 식으로 배우고 지식을 발전시키고 새로운 생각을 창조했다. 고대 그리스 소크라테스도 대화가 사람을 발전시키고 자유롭게 할 수 있다고 믿었다. 그는 질문하고 대답하는 대화를 통해서 사람이 어떤 사고를 하는지 표출한다. 스스로 무엇을 생각하는지 인식하게 함으로써 자신의 사고를 보다 정교화할 수 있다. 이런 철학으로 그는 길을 가다가도 아무나 붙잡고 묻는다. 예를 들면 이렇다.

"민중이란 누구인가?" "가난한 사람들을 말합니다." "가난한 사람이란 어떤 이들이지?" "항상 돈에 쪼들리는 사람을 말합니다." "부자도 항상 돈이 부족하다고 아우성이다. 그렇다면 부자도 가난한 사람이 아닐까?" "그렇게 볼 수 있겠지요..." "그렇다면 민중이 주체가 된다는 민주주의는 가난한 사람들의 정치체제인가, 부자들의 정치체제인가?" "......"

또 이런 대화도 있다. "자네는 정의가 무엇이라고 생각하는가?" "강자의 이익이 정의입니다." "강자도 물론 사람이겠지?" "예, 그렇지요." "그럼 강자도 실수를 하겠군." "네." "그럼 강자의 잘못된 행동도 정의로운 건가?" "......"

AI 시대의 산파술

소크라테스의 산파술은 이렇게 대화 상대로부터 어떤 주제에 대한 의견이나 주장, 즉 논설$^{論說 = logos}$을 이끌어내서 스스로 사고하게 하는 대화법이다. 소크라테스는 이미 메타 인지도 알고 있었다. 소크라테스가 트라시마코스에 묻는다. "자네 기분이 어떠한가?" "우울합니다." "우울하다는 것은 무엇인가?" "침울하다는 것입니다." "침울하다는 것은 무엇인가?" "기분이 더럽다는 것입니다." "기분이 더럽다? 그것은 무엇인가?" "모르겠습니다." "그래. 자넨 그래도 낫네. 자네가 모른다는 것을 알고 있지 않은가?"

경기대학교 법학과 하재홍 교수는 소크라테스의 질문을 다섯 가지 유형으로 나누었다.[29]

첫째, 탐색형 질문이다. 대화의 논제를 찾아가는 과정에서 상대에게 짧게 묻는다. 상대가 아는 것을 따지기 전에 무엇을 아는지 알아보는 예비 단계에서 쓴다. 누구에게든 뭔가에 대해 말하라고 하면 은연중에 자신의 지식이 드러난다. 이런 지식은 타당할 때도 있고 편견 그 자체일 때도 있다. 소크라테스는 탐색형 질문을 논의의 출발점으로 삼는다.

케팔로스는 소크라테스에게 자기가 절도 있는 생활을 해서 평안한 여생을 보낸다고 말한다. 소크라테스는 "여생을 편히 보내게 된 힘이 절도 있는 생활방식이 아니라 재산 덕 아니냐?"라고 묻는다. 이는 케팔로스로 하여금 절도 있는 생활방식에 대해 해명하게 함으로써 케팔로스가 인식하고 있는 절도 있는 생활방식이 무엇인지 그 정체를 드러내게 한다. 케팔로스는 "재산이 있는 덕에 죽음을 앞두고도 빌린 것을 갚지 못할까 봐 불안한 것이 없다."라고 대답한다. 케팔로스는 빌린 것을 갚는 것이 절도 있는 생활방식이라 정의했다. 소크라테스가 "단순히 빌린 것을 갚는다는 것이 올바른 사람의 전부라고 할 수는 없지 않은가?"라고 반문하면서 두 사람은 올바른 삶이란 무엇인가에 대해 논의를 시작한다.

---

29 하재홍, "소크라테스식(문답식) 교수법", 2010, http://www.dcollection.net/handler/ewha/000000061112

둘째, 정의형 질문이다. '~란 무엇인가?' 하는 식으로 상대에게 무엇인가를 정의할 것을 요구한다. 이 질문은 상대에게 다소 높은 수준의 사고 능력을 요구한다. 특히, 윤리에 관한 주제일수록 대답하기 어렵다. 예를 들면 "사랑이란 무엇인가?" "국가란 무엇인가?" "죽음이란 무엇인가?" 같은 질문이다.

이런 질문의 핵심은 '~을 ~답게 만드는 것이 무엇인가?'다. 개별적인 논거는 충분한 답이 되지 못한다. 핵심은 그 너머에 있다. 플라톤의 이데아를 떠올리게 한다. 현실에서 우리가 보는 것은 핵심이 동굴 벽에 비춘 그림자이므로 핵심을 묻는 것은 고도의 사고를 요구한다. 그래서 상대가 여러 개별적인 요소, 즉 그림자로 대답하면 소크라테스는 그것이 올바른 정의가 아니라고 지적한다. 상대가 어떤 성질에 착안하여 대답하면, 하나의 사물이나 상태가 가진 대립적이고 모순적인 면을 부각시킴으로써 상대의 정의를 무너뜨린다. 아는 것이 힘이라고 하면 모르는 것이 약이라고 하는 식이다.

셋째, 논박형 질문이다. 일련의 질문을 제시하면 상대는 일련의 대답 과정에서 스스로 모순된 결론에 도달한다. 간접증명을 이용한 귀류법이다. 상대에게 P라는 진술을 했다면 일련의 질문으로 Q, R, S 진술을 하게 하고, 이것이 곧 −P에 귀결되는 것이다. P와 −P는 동시에 참일 수 없으므로 상대는 자신의 진술이 모순됨을 깨닫는다.

예를 들면, 행복[P]은 행복감[Q]이다. 행복감[Q]은 잘사는 것[R]이다. 잘 사는 것[R]이 행복감이라는 만족감[S]이라면 만족스러운 여러 가지가 해당한다. 달콤한 아이스크림을 잔뜩 먹거나 게임을 종일 하는 것도 만족감을 준다. 하지만 이런 것은 일시적 만족을 주지만 나를 망친다[P]. 따라서 행복[P]은 만족감[P]이 아니므로 행복감[Q]도 아니다.

넷째, 유도형 질문이다. 산파형 질문이 대개 유도형이다. 일련의 질문이 점점 참된 앎을 향해 다가가도록 조직된다. 탐색형 질문을 하면 상대방은 무엇인가 알기는 하는데 그것이 정확히 무엇인지 모르거나 설명할 수 없다고 고백한다. 앞서 소크라테스와 트라시마코스의 우울에 대한 대화와 비슷하다. 우울함을 침울함으로, 침울함을 기분이 더러움으로 설명했지만 기분이 더럽다는 것이 무엇인지 묻자 모른다고 고백한다.

마지막 다섯째, 흔들기형 질문이다. 이것은 상대의 생각을 흔든다. 상대가 제대로 정확히 알고 있다 할지라도 그것이 올바른 확신인지, 자신의 행동을 올바르게 이끌 만큼 힘 있고 강력한지 확인하기 위함이다. 이 질문은 소크라테스의 제자들도 즐겨 했다. 오죽하면 소크라테스의 제자 케베스와 심미아스는 소크라테스가 독약을 마시고 죽어가는 와중에도 떼를 쓰듯 질문한다. "철학자란 죽음이 임박했을 때 기쁜 마음을 가질 만한 이유가 있고, 또 죽은 후에는 저세상에서 최대의 선을 얻을 희망을 가질 수 있다는 것을 증명해 보라." 이 질문은 소크라테스의 신념을 확인하기 위한 것이다.

소크라테스의 질문은 논의^{論議}다. 의^議는 대화하여 옳음을 찾는다는 뜻이다. 말을 뺀 의^義는 도끼날이 달린 창에 양의 머리를 장식한 글자다. 권위와 진리를 상징한다. 의리^{義理}, 의형제^{義兄弟}, 도원결의^{桃園結義}에 사용된다. 대학교수는 강의^{講義}를 하는데, 지금까지 인류가 찾아낸 진리를 조리 있게 설명하는 것이다. 따라서 강의에는 논의가 없다. 대학 강의가 교수 혼자 떠드는 이유다. 교수가 학생들에게 질문하라고 해도 아무도 질문하지 않는 이유는 학생들이 의^義, 그러니까 옳은 것이 무엇인지 모르기 때문이다. 질문하고 대화하고 다투면서 옳음을 찾아야 하는데 그저 교수 말만 귀담아듣는 모양이다. 마치 ChatGPT 말만 듣는 격이다.

ChatGPT와 얘기하면 소크라테스식의 문답을 할 수밖에 없고, 그래서 이름에도 chat이 들어가 있다. 수준 높은 대화는 강론이다. 스승과 제자가 강론하듯이 사람은 AI와 강론해야 하지 않을까?

AI도 딴생각을 할까?

딴생각을 그려줘.

이미지들은 딴생각이나 몽상을 기발하고 상상력 넘치게 묘사한 것입니다. 각 이미지는 책상에 앉아 창밖을 멍하니 바라보는 사람과, 그 사람의 상상력을 나타내는 환상적인 풍경을 보여줍니다. 현실과 몽상 사이의 경계가 흐려지는 것을 잘 나타내고 있습니다.

Temperature

MS의 검색 서비스 Bing에 ChatGPT가 들어간 것이 Bing 채팅이다. Bing 채팅 화면에는 대화 스타일을 선택하는 기능이 있다. 사용자는 '보다 창의적인' 대화 스타일을 선택할 수도 있고 '보다 정밀한' 대화 스타일을 선택할 수도 있다. 물론 중간에 있는 균형을 택할 수도 있다.

Bing 채팅의 대화 스타일은 이렇게 3가지가 있지만, 실제로 3가지만 존재하는 것은 아니다. ChatGPT에는 이런 식으로 사용자가 설정할 수 있는 하이퍼파라미터가 있다. 파라미터는 AI의 학습 과정에서 직접 학습하는 내부 매개 변수다. 하이퍼파라미터는 개발자나 사용자가 AI 모델의 학습에 영향을 주기 위해 설정하는 값이다. 즉, 개발자나 사용자는 하이퍼파라미터를 설정해서 AI로부터 원하는 대답을 들을 수 있다.

ChatGPT에 있는 하이퍼파라미터 중에 Temperature가 있다. Temperature는 ChatGPT 같은 초거대 언어 모델이 답변을 생성할 때 다양성^{diversity}과 일관성을 조절하기 위한 것이다. 값이 높을수록 모델이 생성하는 글의 다양성 정도가 높아지고, 값이 낮을수록 글의 일관성 정도가 높아진다. 즉, Temperature 값이 높으면 잡지처럼 다채로운 내용이 나오고, 값이 낮으면 논문처럼 주제에 집중해서 일관된 내용이 나온다.

만약 사람에게 Temperature를 쓸 수 있다고 해보자. 값을 높이면 이 사람은 지금 상황과 전혀 상관없는 엉뚱한 생각을 말한다. 값을 낮추면 현재 상황을 직시하고 말한다. AI에게 지금 상황과 상관없는 엉뚱한 생각은 사람에게 AI가 창의적인 것으로 보일 수 있다. 마치 사람이 딴생각을 하면서 창의적인 아이디어를 내는 것처럼 말이다.

부념

딴생각은 머릿속에서 절로 떠오른다. 갑자기 떠올라 떠 있는 생각이 상념想念이다. 그렇게 뜬생각이 부념浮念이다. 부력浮力은 떠오르는 힘이다. 마음에 단단히 뿌리 잡지 못하고 들뜬 생각이 부념이다.

부념은 사람 마음을 이랬다저랬다 혼란스럽게 만든다. 선도 악도 아닌 모호한 성격이다. 율곡 이이는 비록 착한 생각이라도 적절한 때가 아닌 것은 부념이라 일컬었다. 학자가 공부에 힘을 써도 가장 효과를 얻기 어려운 것은 부념을 다스리는 일이다. 선함에 진실로 뜻을 둘 수 있다면 실하게 꽉 차 있는 악념惡念이라도 다스릴 수 있다. 그러나 부념은 아무 일이 없을 때도 갑자기 일어났다가 홀연히 사라지니 자기 스스로 어찌할 수 없다. 《조선왕조실록》에 영조 임금이 율곡 이이의 《성학집요》에서 부념이 나오는 문단을 읽고 신하와 강론하는 장면이 나온다.[30]

윤광소가 말했다. "주자가 이르기를 '만약 그때가 아니면 비록 바른 생각이라 하더라도 간사한 생각이 된다'고 하였습니다. 강학講學을 하면 마음이 강학에 있어야 할 것이오. 강신降神=내림굿을 하면 마음이 강신에 있어야 할 것입니다. 이를 정념正念이라고 이를 것입니다."

영조가 말했다. "그렇다. 내가 일찍이 이를 걱정하면서도 제어하지 못했으니, 이는 내가 학문을 알지 못했기 때문이다." 임석헌이 "성상께서 학문에 유념하셨기 때문에 부념이 병통病痛이 되는 것을 아신 것입니다. 그렇지 않다면 어떻게 부념을 아시겠습니까?" 하니 영조가 말했다. "그 말은 지나치다. 비록 배우지 않았다고 하더라도 어찌 알지 못하겠느냐?"

윤광소가 다시 "배우지 아니한 사람은 방심放心하기 때문에 스스로 알지 못합니다. 그러나 배운 사람은 정좌靜坐하여 마음을 수습하기 때문에 곧 부념이 어지러운 단서가 되는 것을 압니다." 하니

---

30 국사편찬위원회, 《조선왕조실록》, http://sillok.history.go.kr/id/kua_12508009_001

영조가 말했다. "유신과 승선은 그 부념을 제어하는 공부가 어느 정도인가? 나는 부념이 점점 그 전과 같지 아니하니, 이는 쇠퇴하고 소모하여 그렇게 되는 것 같다." 이번에는 임석헌이 "이는 사마공도 제어하지 못한 것이었는데, 하물며 신 등과 같은 자이겠습니까?" 하였다.

윤광소가 다시 말했다. "이 문단에 이르기를, '간혹 민울^{悶鬱}하거나 무료^{無聊}한 때가 있거든 모름지기 정신을 분발하고 마음을 세탁^{洗濯}하라'고 하였습니다. 전하께서는 학문을 하시는 데에 이미 득력^{得力}을 못하셨고 또 정치를 하심에 있어서도 오늘의 현상을 매우 미워하십니다. '나의 마음 씀씀이가 이와 같은데 어찌 그 효험이 없는가?'라고 여기시고는 스스로 꺾이시고 번민하며 견디지 못하시니, 총괄하여 말씀드린다면 민울함과 무료함에서 나와 지나친 부념을 스스로 깨닫지 못하시는 것입니다." 영조가 윤광소의 말을 기꺼이 받아들였다.

부념을 다스리려면 배워야 한다. 배우지 않으면 마음을 놓는다. 방심한다. 방심하면 부념이 부념인 줄 모른다. 《맹자》에 구방심^{求放心}이란 말이 있다. "사람들은 닭이나 개를 놓아버리면 찾을 줄 알면서 마음을 놓아버리면 찾을 줄 모른다. 학문의 길은 다른 것이 없다. 자기가 놓아버린 마음을 되찾는 것이다."

사람의 마음은 늘 흐트러지게 마련이다. 흐트러진 자기 마음을 잘 추스르고 다시 불러 모으는 것이 구방심이다. 하지만 사마공같이 학문을 닦은 사람도 구방심 하지 못한다. 부념을 제어하지 못한다. 부념을 잡아와야 하는가? 그냥 놓아두어야 하는가? 고려 승려 지눌은 부념을 놓으라고 말한다.[31]

"부념이 일어날 때 이를 혐오하면 더욱더 분란이 일어납니다. 혐오하는 이 마음이 또한 부념임을 잊지 마십시오. 부념을 잡은 후에는 부념이 가볍게 물러가도록 두십시오. 부념에 휘둘리지 않으면 일어났던 마음이 곧 그칠 것입니다. 마음을 청소하여 마음속에 한 생각도 없게 해서 청화한 기상을 유지하시기 바랍니다. 오랜 훈련이 중심을 잡으면 이 마음이 우뚝 튼튼히 서 있는 것을 느끼게 될 것입니다. 그때 더 이상 사물에 휘둘리지 않고 '자신에 속한 것이 자신의 뜻대로' 발휘되고, 내 속 본체本體의 밝음이 가려지지 않고 빛나게 될 것입니다. 그리고 그 지식의 밝은 렌즈에 사물의 실체가 어김없이 드러날 것입니다."

딴생각과 집중

부념은 일단 잡아야 한다. 잡지 않으면 물러가도록 둘 수 없다. 미국 캘리포니아대 심리학과 조너선 스쿨러 교수는 부념 잡기와 관련한 실험을 했다. 그는 참가자에게 톨스토이가 쓴 《전쟁과 평화》를 읽게 한 다음 딴생각이 들면 버튼을 누르라고 했다.

실험 결과 그는 두 가지 유형의 딴생각을 구분했다. 첫 번째 유형

---

31 중앙선데이, "뜬 생각이 일어날 땐 그대로 있어라, 고요히 물러가도록", 2010, http://news.joins.com/article/4623354

은 참가자가 자신이 딴생각을 하고 있었음을 연구자를 통해 깨달게 된 경우다. 참가자가 버튼을 누르지 않았는데 연구자가 갑자기 지금 무슨 생각을 했는지 물어보는 것이다. 이들은 그때 딴생각하고 있었음을 알아차린다. 두 번째 유형은 참가자가 자기가 딴생각하고 있음을 스스로 깨달았을 때다. 자기가 지금 딴생각한다고 자각하면서 버튼을 눌렀다.

스쿨러 교수는 두 번째 유형이 창의적이라고 한다. 샤워나 양치질을 하다가 딴생각이 들면 그중에서 좋거나 괜찮거나 창의적이라 할 생각을 알아차리고 노트나 컴퓨터나 스마트폰에 기록할 수 있다. 자기가 딴생각을 하는지 모르면 기록할 수 없다. 그래서 스스로 딴생각을 하고 있음을 알아차리는 사람이 새로운 생각을 더 기록할 수 있고 그래서 창의성을 높일 수 있다.

딴생각이 창의성을 높인다면 딴생각은 억제 대상이 아니어야 한다. 오히려 딴생각을 권장해야 한다. 서울대학교 교육대학원에서 공부한 조아라 박사가 2016년에 스쿨러 교수와 비슷한 실험을 했다.[32] 그는 시험을 준비하는 대학생 100명에게 스쿨러 박사와 마찬가지로 《전쟁과 평화》를 읽도록 했다. 20분 동안 책을 읽다가 딴생각이 들면 무조건 무선송수신기 버튼을 눌러서 알려달라고 했다. 대신 사고억제 집단이라 명명한 집단의 학생에게는 딴생각이 들면 딴생각을 억제하려고 노력하라고 주문했다. 반대

---

32 조아라, "대학생들이 학습 중 겪는 딴생각에 대한 두 가지 대처전략의 효과 차이: 수용 전략 대 사고억제 전략", 2017

로 수용 집단이라 명명한 집단의 학생에게는 딴생각을 자연스럽게 인정하고 책을 계속 읽으라고 주문했다.

사고억제 집단은 딴생각을 평균 13.5개 했지만, 수용 집단은 6.8개 했다. 딴생각을 억지로 없애려는 사람보다 그냥 놓아둔 사람이 딴생각을 적게 했다. 재미있는 것은 사고억제 집단이 읽은 단어는 평균 2,928단어였는데, 수용 집단이 읽은 단어는 평균 3,936단어였다. 딴생각을 수용하여 적게 하면 집중력이 높아지고 성과가 크게 증가한다는 사실을 보여준다.

딴생각을 억제하려는 노력은 개인의 주의 자원을 딴생각에 쏟게 한다. 주의가 분산되고 독서량이 감소한다. 딴생각을 수용하면 개인의 주의 자원을 딴생각에 덜 쏟는다. 저절로 독서에 집중하면서 독서량이 증가한다.

조아라 박사는 강박, 걱정, 불안이 딴생각에 미치는 영향도 확인했다. 강박과 걱정은 딴생각의 빈도나 독서량과 관계없었다. 그런데 사고억제 집단은 불안 수준이 증가함에 따라 딴생각 빈도가 유의미하게 증가하고 독서량은 감소했다. 반대로 수용 집단은 불안 수준이 증가함에 따라 딴생각의 빈도가 다소 감소했고 독서량은 증가하는 것을 확인할 수 있었다.

불안한 마음은 딴생각에 위협을 느껴 그것을 억제하거나 제거하려고 한다. 이 시도가 실패하거나 실패할 것으로 예상되면 불안은 더 커진다. 이것이 악순환이 되면 딴생각이 더 들고 더 불안해지고 더 많은 딴생각이 든다.

조아라 박사는 "딴생각은 아침에 해가 뜨는 것과 마찬가지로 자연스러운 현상이다. 당연한 현상을 없애 버리려고 하면 실패할 수밖에 없고, 그러다 보면 더 불안해져 상황이 악화한다. 딴생각을 억제하는 것 자체가 무의미하다. 학생들이 딴생각 문제를 호소하면 이를 멈추고 공부에 집중하라고 코치하기보다 공감해 주고 불편함을 느끼지 않도록 하는 것이 좋다"라고 말한다.[33]

조아라 박사의 실험에서 딴생각을 억제하라고 한 사고억제 집단은 20분 동안 13개가 넘는 딴생각을 했다. 약 1분 30초마다 딴생각을 했다. 딴생각 하나하나가 시간을 얼마나 차지했는지는 알 수 없지만, 이렇게 짧은 시간에 나는 딴생각은 꼬리에 꼬리를 무는 것은 분명하다. 그러다 얽히고설키면 잡념^{雜念}이 된다.

컴퓨터를 켜서 여러 프로그램을 동시에 실행하면 속도가 느려진다. 속도를 높이려면 안 쓰는 프로그램을 닫아야 한다. 실행 중인 잡다한 프로그램을 정리하지 않으면 컴퓨터는 점점 느려지다가 결국 멈춘다. 잡다한 생각이 얽히고설킨 것이 잡생각, 잡념이다. 잡념은 원칙도 없고 순서도 없다. 머릿속을 빙글빙글 돌며 눈사람처럼 커져서 에너지를 다 먹어 치운다. 기가 빠지고 힘이 줄고 일을 못하는 이유다.

머리를 세게 흔들면 잡념이 떨쳐진다. 하지만 어느새 발밑에 착 달라붙는다. 빈틈을 보이면 덩굴처럼 기어올라 머릿속으로 줄기

33 연합뉴스, "공부 중 딴생각 떨치려 노력하면 오히려 공부 잘 안 돼", 2017, http://www.yonhapnews.co.kr/bulletin/2017/03/17/0200000000AKR20170317172300004.HTML

를 뻗는다. 잡념은 끊기도 힘들고 떼기도 어렵다. 늘 몸에 붙어 있다. 명상을 하든 요가를 하든 순식간에 스멀스멀 피어오른다. 살아 움직이는 또 다른 나다.

몰입과 행복

칙센트미하이에 따르면, 불안 단계에서 기술 수준을 높이면 각성^Arousal하여 몰입^Flow할 수 있다.[34] 기술 수준을 높이면 무엇인가 깨닫고 딴생각이 완전히 없는 상태, 즉 지금 하는 일에 온전히 집중하는 상태에 다다른다. 기술 수준은 높은데 도전 난이도가 낮다면 도전 난이도를 높여서 통제^Control를 지나 몰입에 이른다.

예를 들어, 고등학교 3학년 학생이 초등학교 6학년 시험 문제를 푼다면 시험을 보는 내내 딴생각만 할 것이다. 기술 수준은 높은데 도전 난이도가 낮아서 그렇다. 하지만 고등학교 3학년 학생이 대학교 1학년 시험을 푼다면 딴생각하기보다는 시험에 집중할 것이다. 기술 수준도 높지만 도전 난이도가 조금 높아서 그렇다.

윤광소는 영조 임금에게 민울함과 무료함에서 나와서 깨달으라고 말한다. 무관심^Apathy, 권태^Boredom, 긴장완화^Relaxation, 걱정^Worry, 불안^Anxiety은 모두 민울함과 무료함이다. 깨달음^Arousal으로 딴생각이 없는 몰입에 들라 한다. 고려 승려 지눌은 사물에 흔들리지 말고 자기 뜻대로 발휘하라 한다. 통제^Control다. 깨달음과 통제로 몰

---

34 미하이 칙센트미하이, 《몰입 flow》(한울림, 2004)

입에 들어서라 한다.

서울대 황농문 교수에 따르면 몰입 상태에서는 한 가지 목표를 위하여 자기가 할 수 있는 최대 능력을 발휘하는 비상사태가 발동한다.[35] "몰입은 자신을 초긴장 상태로 만들어 모든 것을 잊고 오로지 한 가지 일에 집중하기 때문에 잠재된 능력을 최대로 발휘한다. 몰입 상태에서는 문제해결과 관련한 새로운 아이디어가 끊임없이 떠오른다. 이때의 감정적인 변화도 매우 특별하다. 그 문제를 해결할 수 있다는 자신감이 솟구치고 호기심이 극대화된다. 무엇보다 놀라운 것은 지고의 즐거움이 뒤따른다는 것이다. 바로 사고하는 즐거움이다. 이 사고하는 즐거움은 몰입에 뒤따라오는 것으로 작은 노력으로도 고도의 몰입 상태를 지속할 수 있게 하는 원동력이 된다. 놀아도 몰입하지 않으면 재미가 없고 아무리 돈이 많아도 몰입하지 않으면 행복을 경험하기 어렵다. "

황농문 교수의 말처럼 몰입이 행복감을 줄까? 누구나 행복해지기 위해 여유를 원한다. 그러면 생각도 여유가 있을 때 행복할까? 아니면 생각할 여유가 없을 때 행복할까? 하버드 대학에서 심리학을 전공한 매트 킬링스워스 박사가 딴생각과 행복의 관계를 실험했다.[36] 그는 아이폰을 가진 사람들에게 하루 중 아무 때나 신호를 보내서 지금 기분이 어떤지, 지금 무엇을 하고 있는지, 지금 하는 일 외에 딴생각을 하고 있는지 질문했다. 이 실험에 80

---

35 황농문, 《몰입》(알에이치코리아, 2007)

36 Matt Killingsworth, "Want to be happier stay in the moment?", https://www.ted.com/talks/matt_killingsworth_want_to_be_happier_stay_in_the_moment/transcript?language=ko

개국의 1만 5천 명이 참여했다. 18세부터 80대 후반까지 86개 직업군을 가진 사람이 65만 건의 답변을 보냈다. 매트 킬리스워스 박사는 결과를 3가지로 해석했다.

첫 번째 결과는 딴생각할 때보다 현재 일에 집중할 때 더 행복하다는 사실을 보여준다. 현재 일에 집중할 때$^{Present focused}$ 행복한 정도가 66이었는데, 딴생각할 때$^{Mind-wandering}$ 행복한 정도는 57이다. 다시 말해 사람은 꽉 찬 출근길 지하철에서 딴생각하는 것보다 회사에 일하러 가는 그 자체에 집중하는 것이 더 행복하다.

두 번째 결과는 딴생각을 하지 않는 것이 행복하다는 사실을 보여준다. 아무리 즐거운 딴생각을 해도 딴생각을 하지 않는 것에 비해 행복감의 차이는 없다. 오히려 즐겁지 않은 딴생각을 하면 행복감이 줄어든다. 킬링스워스 박스는 딴생각을 슬롯머신에 비유한다. 슬롯머신을 하면 50달러를 잃거나 20달러를 잃거나 1달러를 잃는 3가지 경우밖에 없다. 당신이라면 슬롯머신을 하겠는가? 아무리 딴생각을 해도 더 행복해지지 않는다면 차라리 딴생각을 안 하는 것이 낫다. 만약 AI가 딴생각을 하지 않는다면 세상에서 가장 행복한 존재(?)일지도 모른다.

세 번째 결과는 지금 이 순간 100명 중 평균 30명 정도가 지금 하는 일과 관련 없는 생각을 한다는 사실을 보여준다. 지금 샤워나 양치질하는 사람 100명 중 65명이 딴생각한다. 회사나 공장에서 일하는 사람 100명 중 50명이 딴생각한다. 딴생각을 제일 적게 하는 사람은 지금 사랑을 나누는 사람이다. 사랑을 나누는 10커플 중에서 딴생각하는 커플은 오직 1커플뿐이다.

딴생각과 창의

딴생각을 하면 불행하다. 그렇다면 반대로 불행하면 딴생각을 할까? 킬링스워스 박사는 자신의 연구로는 그것을 증명하지 못한다고 한다. 딴생각을 하면 불행할 가능성이 높지만, 불행하다고 해서 딴생각을 많이 한다고 볼 수는 없다고 얘기한다. 샤워나 양치질을 할 때 무관심이나 권태를 느끼지만, 그리 불행하지 않은 것 같다.

샤워나 양치질은 많은 사람에게 무료한 활동이다. 흥미롭지도 않고 심심하고 지루한 일이다. 아이들은 샤워나 양치질을 할 때 딴생각에 딴짓도 한다. 샤워나 양치질이 신나고 재미있거나 성취감을 느끼는 일이라면 아이들은 딴짓을 하지 않는다. 스스로 가치를 느끼고 동기가 생기면 아무리 지루한 일이라도 전념^{專念}한다.

만약 AI가 자기 능력에 비해 심심하고 지루한 일을 계속한다면 언젠가 딴생각을 할까? 아니면 스스로 가치를 느끼고 동기를 만들어서 그 따분한 일에 전념할까? 아직은 알 수 없지만 만약 언젠가 AI가 딴생각을 한다면 그때 우리는 AI가 창의에 눈을 떴다고 말할 수 있다. 딴생각이 바로 창의력과 관련되어 있기 때문이다.

조아라 박사나 스쿨러 교수 모두 딴생각을 현재 과제와 관계없는 생각으로 정의했다. 《전쟁과 평화》를 읽는 행위와 관계없으면 모두 딴생각이다. 하지만 딴생각이 다른 과제와 관련 있고 그 과제 역시 현재 과제만큼이나 중요하거나 긴급하다면? 비록 현재 시점에서는 딴생각이지만, 그 과제를 할 때는 딴생각이 아니다. 딴생각 중에 자기가 풀고 싶거나 생각을 더 하고 싶은 것이 있을 텐데 그것마저 딴생각으로 치부할 수는 없다. 딴생각에도 가치 있는 생각이 있다.

출근할 때 운전석에서 로또에 당첨되어 회사를 그만두고 여행가는 생각도 딴생각이고, 오늘 회사에서 고객을 대상으로 어떻게 발표할지 생각하는 것도 딴생각이다. 로또 당첨은 공상空想이지만, 회사 일은 집념執念이다.

집념은 머리에 떠도는 생각 중 하나를 붙잡는 것이다. 딴생각 중에서 하나를 붙잡아 마음을 쏟는 것이다. 그 생각은 늘 머릿속을 떠돌아서 보통 사람은 그냥 두었을 것을 집념을 가진 사람은 붙잡는다. 한순간 붙잡기도 하고 매일매일 같은 시간에 잡기도 하고 수십 년 동안 잡아두기도 한다. 이것은 일에 대한 도전이고 내 능력을 높이는 일이다.

3M의 아서 프라이가 포스트잇을 발명한 일은 창의 사례로 유명하다. 하지만 그가 연구실에서 이런 획기적인 아이디어를 떠올린 게 아니다. 그는 수요일 밤에 교회에서 성가대원으로 활동했다. 그때마다 악보 책에서 그날 불렀던 곡이 있는 페이지에 조그만 종이를 꽂아뒀다. 그런데 일요일 아침이 되기 전에 종이가 떨어져 나가곤 했다.

어느 일요일 아침 그가 설교를 듣고 있다가 문득 이런 생각을 했다. "나한테 필요한 건 종이에 잘 붙지만 떼려고 할 때 종이가 찢어지지 않는 작은 쪽지야." 그러고는 접착력이 약한 접착지를 만

든 동료 스펜서 실버를 떠올렸고 추가 연구 후 포스트잇을 탄생시켰다.[37]

언제 어디서나 딴생각이 들 때 기록하기 좋은 것이 포스트잇이다. 스쿨러 교수는 딴생각이 들 때 자각하여 기록함으로써 창의적인 사람이 될 수 있다고 한다. 그런데 집념에 따른 딴생각은 반드시 기록하는 것이 좋을까? 해리 포터를 쓴 조앤 롤링은 그가 해리 포터 이야기를 떠올린 때를 이렇게 얘기한다.

"그때 기차가 지연됐어요. 4시간을 꼬박 기다렸죠. 전 그냥 기차 안에 앉아서 생각하고 생각하고 또 생각했어요. 그런데 저는 늘 펜과 종이를 갖고 다녀요. 무언가 아이디어가 떠오르면 항상 적지요. 그런데 아이러니한 건 그때 제겐 펜이 없었어요. 4시간 동안 제 머리는 부산스러웠어요. 그런데 기차에서 내리기 전에 해리 포터 이야기를 머릿속에서 모두 끝냈어요."

아서 프라이와 조앤 롤링은 교회와 기차에서 얼마든지 딴생각을 할 수 있었고, 또 어쩌면 1분에 하나씩 딴생각을 했을 수도 있다. 그런데 왜 하필 붙지도 않는 접착제를 떠올리고 왜 하필 아이들에게 들려줄 이야기를 떠올렸을까?

아서 프라이는 3M 소속 신제품 발명 연구원이다. 그는 항상 사람들의 불편을 해소하는 제품을 만들어야 한다. 그에게 실패한

---

37 Wired, "Photo Essay: Unlikely Places Where Wired Pioneers Had Their Eureka! Moments", 2008. https://www.wired.com/2008/04/ff-eureka/

접착제 샘플을 준 동료 스펜서 실버도 마찬가지다. 그는 입사 2년 차에 잘 붙지 않는 접착제를 만들었고 이 제품을 어떻게든 쓸모 있게 만들기 위해 포럼도 열었다.

두 사람에게 접착제와 종이는 결코 딴생각이 아니었다. 그것은 머릿속에 맴도는 생각이었고 기회만 되면 무조건 잡아야 하는 가치 있는 생각이었다. 하지만 성가대 악보, 목사님의 설교, 회사 직원의 조롱처럼 전혀 다른 생각과 뒤섞이면 잡념이 된다. 누구나 잡념에 빠진다. 하지만 어떤 사람은 자기가 늘 생각하는 것을 잃지 않고 잡는다. 집념이 창의력을 높인다.

조앤 롤링은 기차에서 생각한 이야기를 종이에 적을 수 없었다. 4시간 동안 오직 머릿속에서 해리 포터 이야기를 만들어야 했다. 그는 실마리를 잡아 적을 수 없었으므로 오로지 한 가지 일에 마음을 쏟아야 했다. 전념한 것이다. 일단 전념하면 딴생각이 사라진다. 딴생각에 쓸 주의 자원은 전념에 보태진다. 4시간 동안 생각만으로 장편 판타지 소설을 만들어낸다.

집념하면 생각이 한계를 초월한다. 생각의 한계는 실행이다. 집념은 생각의 한계를 초월하여 실행을 이끈다. 집념이 없으면 실행하지 않는다. 집념이 강하면 반드시 그 일을 해낸다. 이런 집념에는 끈기와 노력이 덧붙어야 한다. 그래야 집념이 실행력을 높인다.

아서 프라이는 자신의 아이디어를 회사에 보고했다. 회사는 시장조사를 한 결과, 아직 아무도 써본 적이 없는 탓에 수요가 없을 거라 전망했다. 게다가 제품을 완성하기 위해 추가 개발이 필요하다는 점도 회사가 아서 프라이의 제안을 반대한 이유다. 접착제를 바른 종이의 면과 바르지 않은 면이 같은 두께를 유지해야 하는데 이렇게 하려면 접착제를 도포할 종이 면을 아주 얇게 깎는 기술이 필요했다. 또 종이에서 떼어낼 때 종이가 찢기지 않는 접착 강도도 알아내야 했다.

아서 프라이는 결국 혼자 연구에 매달렸고 문제를 해결해서 기어이 1977년에 포스트잇을 출시했다. 하지만 초기 시장 판매는 실패였다. 아서 프라이는 자신의 발명품에 확신이 있었다. 그는 포춘이 선정한 500대 기업의 비서들에게 견본품을 보냈다. 포스트잇 제품을 실제로 사용해 보본 비서들은 포스트잇을 대량으로 주문했다. 1981년에는 캐나다와 유럽으로 수출하기 시작했다.[38] 아서 프라이의 실행력이 없었다면 지금 우리는 포스트잇 대신 풀과 종이를 사용했을지도 모른다.

이제 기술적으로 AI에게 딴생각을 하게 할 수 있다. 그 다음에 집념하게도 할 수 있다. 그저 개발자가 부념의 강도를 0으로 하고 나서 얼마 후에 전념의 강도를 10으로 바꾸기만 하면 된다. AI가 그 과정을 모두 기억하고 있다면 이제 AI도 사람만큼 창의력이 있다고 얘기할 수 있지 않을까? 가까운 미래에 아서 프라이와 조앤 롤링 같은 AI 모델이 우리를 놀라게 하지 않을까?

---

38 사이언스타임즈, "실패한 접착제가 혁신을 낳다", 2017, http://www.sciencetimes.co.kr/?news=실패한-접착제가-혁신을-낳다

제 **3** 부

AI가 훔쳐간 상상

AI는 유토피아를 볼 수 있을까?

유토피아를 그려줘.

이미지들은 유토피아 사회를 생생하고 상상력 넘치게 표현한 것입니다. 각 이미지는 이상적이고 조화로운 세계를 보여주며, 첨단 친환경 건축, 푸른 공원, 다양한 배경의 사람들이 평화롭게 공존하는 모습을 포함하고 있습니다. 지속 가능한 생활 방식의 요소도 나타나 있습니다.

Utopia

DALL-E가 생각한 유토피아는 우리가 상상한 것과 크게 다르진 않은 것 같다. ChatGPT에 유토피아를 물어보았다.

"유토피아는 모든 것이 조화롭게 작동하고 모든 주민이 고통과 갈등이 없는 높은 삶의 질을 경험하는 이상적이고 완벽한 사회를 의미합니다. 이 개념은 수세기 동안 문학, 철학, 정치 이론에서 매혹적인 주제였으며, 완벽한 사회의 가능성과 이를 달성하기 위한 과제를 탐구하는 프레임워크로 자주 사용되었습니다."

유토피아는 영국의 사상가 토머스 모어가 1516년에 쓴 〈Utopia〉에서 유래했다. 그리스어 u$^{없다, 좋다}$와 topos^{장소}를 합성한 말이다. '없다'는 뜻으로 보면 유토피아는 이루어질 수 없는 허상^{虛想}, 몽상^{夢想}, 환상^{幻想}을 뜻하며, '좋다'는 뜻으로 보면 지금까지 우리가 찾아 헤맸던 이상적인 사회를 가리킨다.

토마스 무어는 《유토피아》를 두 권으로 나눠 설명한다.[39] 1권에서는 현실이 왜 이렇게 되었는지 설명한다. 그에 따르면 모든 사회적 병폐는 부자들의 음모에서 비롯한다. 부자들에 의해 농촌 사회가 몰락하고 다수의 빈민이 출현했다. 빈민은 부랑자가 되거나 도적이 되었고 이들에 대한 가혹한 처벌은 오히려 잔인한 범죄를 증가시켰다. 군주와 귀족은 이 사태를 해결할 능력과 대책도 없으면서 전쟁을 일삼아 사회적 불안을 조성했다.

---

39 강순전 외, 《서양의 고전을 읽는다》(휴머니스트, 2006)

이 같은 사회 문제는 개인 소유 제한, 매관매직 금지, 법령 완화와 같은 미봉책으로는 치유될 수 없다. 유일한 해결책은 사회체제의 근본적 개편, 즉 사유재산제를 폐지하고 공유재산제를 도입하는 길뿐이다. 이로써 평등한 분배가 이루어지고 다수의 이익이 보장되는 정의사회를 실현할 수 있다.

《유토피아》 2권은 유토피아 섬에 관한 이야기이다. 유토피아는 10만 명의 시민이 사는 상상의 섬이다.[40] 50가구가 모여 하나의 집단을 이루고 대표자를 선출하면 그들이 평의회를 이뤄서 1명을 왕으로 선출한다. 일단 왕이 되면 평생 자리를 지킬 수 있지만, 전제 군주가 되면 퇴위 당한다. 전쟁에 대비해서 용병을 두며 그들은 전투 중에 적과 함께 죽으므로 군사 독재가 생겨나지 않는다.

유토피아에는 화폐가 없다. 시민들은 각자 시장에 가서 자기가 필요로 하는 만큼 물건을 가져다 쓴다. 집은 모두 똑같고 문에는 자물쇠가 없다. 타성에 젖지 않도록 누구나 10년마다 이사한다. 하루에 여섯 시간 일하되, 시장에 농산물을 공급하기 위해 누구나 2년간 농사를 지어야 한다. 간통을 하거나 섬에서 탈출하려다 잡히면 자유인의 권리를 잃고 노예가 된다. 노예는 일을 더 많이 해야 하고 같은 시민이었던 옛 동료들에게 복종해야 한다.

---

40 위키피디아, "유토피아", https://ko.wikipedia.org/wiki/유토피아

유토피아는 공유 재산제로 이뤄진다. 하지만 공유 재산제는 그 자체가 세 가지 문제에 처한다. 첫째, 인간의 자발적 의욕과 창의력 저하, 둘째, 의타심과 나태심의 조장, 셋째, 권위의 부재와 무질서 초래다. 그래서 유토피아 섬은 자발적 의욕을 고취하기 위하여 능력에 따라 학자가 되는 길을 열어 놓았고, 나태를 막기 위해서 의무적으로 일해야 한다. 만인이 평등한 사회에서 일어나기 쉬운 권위의 상실과 사회적 유대의 해이를 막기 위해 가족 제도를 도입했다.

극락

동양에서는 유토피아와 비슷한 것이 불교의 극락이다. 극락은 서방정토를 일컫는다. 《아미타경阿彌陀經》을 보면 극락은 서방으로 기천만 기십만의 국토를 지나서 있는 곳이며, 현재 아미타불이 설법하고 있다.[41] DALL-E에게 아미타경의 극락을 그려달라고 해봤다. "정토 불교의 핵심 경전인 아미타경에 묘사된 정토를 표현한 이미지입니다. 웅장한 황금빛 궁전, 보석으로 장식된 나무, 고요한 연꽃 연못, 파스텔 톤의 하늘 등 평화와 깨달음, 영원한 행복을 상징하는 찬란하고 영적인 풍경을 포착한 장면이 담겨 있습니다."라고 설명하고 다음과 같이 그려주었다.

---

41 한국학중앙연구원, 《한국민족문화대백과사전》, http://terms.naver.com/entry.nhn?docId=550536&cid=46648&categoryId=46648

극락에는 사회적 제도가 없어 보인다. 사람과 사람, 사람과 자연이 모든 대립과 갈등을 해소하고 함께 어우러져 평화롭고 행복하게 지낸다. 극락을 서방정토라고도 하는 이유는 인도 사람들이 방위와 시간을 일치시키는 데서 유래한 것이다. 인도 사람들은 동쪽으로 서서 앞쪽을 과거, 뒤쪽을 미래라 한다. 극락은 내세에 왕생할 세계라서 뒤쪽인 서방에 존재한다. 서쪽으로 기천만 기십만의 국토를 지나서 있는 곳이라는 말은 실제 거리가 아니다.

우리 불교는 서방정토를 공간적인 거리로 보지 않고, 마음속에 있는 십악十惡과 팔사八邪를 없애면 곧 극락이 된다고 보았다. 또한 극락을 주재하는 아미타불이 아미타불을 염불念佛하는 사람을 구제한다고 가르쳤다. 극락은 현실과 공간적 거리를 갖지 않으므로 현실세계가 곧 극락이다. 현실에서 극락의 실현을 바랐던 것이다.

조선시대에 내세에서 극락왕생 하기를 바라는 신앙이 유행했다. 이는 성리학의 영향이기도 하다. 성리학은 도교의 은둔 경향과 불교의 세속을 떠난 출가를 가정과 사회의 윤리 기강을 무너뜨리는 것으로 보았다.[42] 성리학은 가족을 중심으로 하는 혈연 공동체와 국가를 중심으로 하는 사회 공동체의 윤리 규범을 제시했다. 개인의 수양과 사회적 인간관계를 중시하므로 이상향을 외부 장소나 다른 세계에서 찾을 필요가 없었다.

허생전

조선 후기에 접어들면서 성리학이 힘을 잃자 직접 이상향을 만들고자 하는 시도가 있었다. 박지원은 《허생전》에서 그 과정을 자세히 설명한다. 허생은 변 씨에게 빌린 만 냥을 크게 불린 다음 늙은 사공에게 바다 멀리에 빈 섬이 있냐고 묻는다. 사공은 꽃과 나무는 제멋대로 무성하여 과일 열매가 절로 익어 있고, 짐승이 떼 지어 놀며, 물고기가 사람을 보고도 놀라지 않는 섬을 알려준다. 하지만 허생은 섬을 둘러보고 실망한다. "땅이 천 리도 못 되니 무엇을 해보겠는가? 토지가 비옥하고 물이 좋으니 단지 부가옹富家翁은 될 수 있겠구나." 사공이 텅 빈 섬에 누구와 사냐고 물으니 "덕이 있으면 사람이 모인다네. 덕이 없을까 두렵지 사람이 없는 것이야 근심할 것이 있겠나?" 하였다.

허생은 수천의 도둑이 우글거리는 변산의 산채를 찾아가서 삼십만 냥을 내놓았다. 한 사람마다 백 냥씩 주면서 여자 한 명과 소

---

42 한국학중앙연구원, 《한국민족문화대백과사전》, http://terms.naver.com/entry.nhn?do-cld=575537&cid=46649&categoryId=46649

한 마리를 데려오게 했다. 허생은 그들과 섬에 들어가 집을 짓고 농사를 하며 살았다. 땅이 비옥해서 풍년이 들자 3년 동안의 양식을 비축하고 나머지는 일본에 가서 팔아 은 백만 냥을 벌었다.

DALL-E에게 허생이 생각한 이상적 나라를 그려달라고 했다. "평화로운 농촌 풍경, 사람들이 서로 협력하며 살아가는 모습, 풍요로운 자연과 잘 가꾸어진 밭들, 그리고 공평하고 지혜로운 통치를 상징하는 요소들을 포함할 수 있습니다."

허생은 "이제 나의 조그만 시험이 끝났구나."하고 탄식했다. "내가 처음에 너희들과 이 섬에 들어올 때엔 먼저 부^富하게 한 연후에 따로 문자를 만들고 의관^{衣冠}을 새로 제정하려 하였더니라. 그런데 땅이 좁고 덕이 엷으니, 나는 이제 여기를 떠나련다. 다만, 아이들을 낳거들랑 오른손에 숟가락을 쥐게 하고 하루라도 먼저 난 사람이 먼저 먹도록 양보케 하여라." 허생은 자기 배를 빼고 다른 배를 모조리 불사르고 돈도 바다에 던져버렸다. 심지어 글을 아는 자들을 데리고 육지로 돌아갔다. 섬의 화근을 없애기 위해서였다.

허생은 기름진 땅과 덕으로 유토피아를 건설하려 했다. 하지만 거대한 이상 국가 건설 프로젝트는 폐쇄적인 소규모 공동체로 쪼그라든다. 단지 위아래만 구별하고 글자조차 없는 원시적인 유토피아가 되어 버렸다. 허생은 변 씨에게 돈을 갚고는 남산 밑 초가로 돌아가 버렸다. 조선을 개혁하지는 못하고 그를 찾은 어영 대장을 꾸짖기만 할 뿐이다. 어영 대장이 이튿날 다시 찾아갔더니 집은 텅 비어 있고 허생은 간 곳이 없었다.

허생의 이야기로 보면 연암 박지원은 덕을 쌓은 이상적인 인간이므로 그 자신이 이상향이고 이상형이고 유토피아였다. 하지만 무無에서 이상을 만들 수는 있어도 현실에서 이상을 만들 수는 없었나 보다. 그가 한 일은 상상력으로 현실을 비판한 것뿐이다. 이는 현실과 이상의 괴리만 더 넓혔다.

샹그릴라

허생과 달리 지금의 현실 세계에 이상적인 인간이 있고 이상적인 사회가 있다면 우리가 미처 발견하지 못했을지도 모른다. 영국 작가 제임스 힐튼이 이런 상상을 소설로 썼다. 티베트의 샴발라 전설을 토대로 쓴 《잃어버린 지평선Lost Horizon》에서는 이상 사회를 샹그릴라Shangrila로 부른다.[43]

---

43 마노 다카야, 《낙원》(들녘, 2000)

제1차 세계대전 후에 일어난 인도와 파키스탄 내전 중에 인도 주재 영국 영사인 콘웨이는 세 명의 백인과 함께 여객기에서 납치되어 티베트의 오지에 불시착한다. 그들은 해발 8천 미터나 되는 험난한 산맥을 넘어서 푸른 달의 계곡이라 불리는 곳에 있는 샹그릴라로 들어간다. 그곳에는 장엄한 라마 사원이 있었다. 라마 신도가 50명 있었고 대부분은 중국과 티베트 사람들이었지만, 세계 각지의 여러 민족 대표자가 함께 살고 있었다.

콘웨이가 흥미를 느낀 것은 사원 내부를 장식한 수많은 미술품이 아니라 도서실이었다. 그곳에는 세계의 대표적인 서적뿐 아니라 희귀한 장서가 수없이 많이 진열되어 있었다. 중국어는 물론이고 영어, 프랑스어, 독일어, 러시아어로 된 책만 2~3만 권이 넘게 있었다. 이 사원은 인류의 영지英智를 위한 학원이었다. 라마교 신도든 기독교인이든 종교에 관계없이 근원적인 지혜를 탐구할 수 있는 곳이었다. 사원의 풍부한 재원은 이 땅에 있는 금광에서 마련하고 있었다.

콘웨이는 이 사원을 통솔하는 대★ 라마를 알현했는데, 놀랍게도 그는 룩셈부르크 태생의 기독교인이었다. 그는 수도사로서 우연히 이 땅에 들어오게 되었다가 그대로 눌러 살고 있었다. 대 라마는 이미 200살 넘게 살았다. 장수의 비밀은 이 계곡의 대기 속에 포함된 미지의 성분과 탕가체라 불리는 마취 작용이 있는 식물의 열매, 그리고 요가 호흡법이었다.

《잃어버린 지평선》은 대중 소설이긴 하지만 작가의 세계관을 명확하게 드러낸다. 샹그릴라는 증오를 버린 종교의 낙원이 구현된 모습이다. 샹그릴라를 찾은 때는 인도와 파키스탄이 내전 중이었다. 인도의 힌두교와 파키스탄의 이슬람교 갈등은 지금도 계속된다.

한편, 콘웨이 일행 중 한 명인 맬린슨은 샹그릴라에서 사는 젊은 여자 로첸과 사랑에 빠진다. 그런데 콘웨이는 로첸이 실제로는 60살이라는 사실을 알아챈다. 하지만 맬린슨은 이 사실을 믿지 않고 로첸과 탈출한다. 로첸은 샹그릴라를 탈출하자마자 노인으로 변한다.

이 소설은 큰 인기를 끌면서 샹그릴라라는 이름을 가진 지역이나 호텔이 생겨났다. 미국 루즈벨트 대통령이 1942년에 메릴랜드에 지은 대통령 별장에 샹그릴라라는 이름을 붙였다. 지금 미국 대통령이 휴가를 가는 곳은 캠프 데이비드다.

DALL-E는 샹그릴라를 이렇게 그렸다. "다음은 제임스 힐튼의 소설 '잃어버린 지평선'에서 상상한 샹그릴라의 신비롭고 고요한 풍경을 묘사한 이미지입니다."

무릉도원

중국에서는 도원명이 쓴 《도화원기》에 무릉도원이 나온다.[44] 4세기 무렵 중국의 이야기다. 후난 성의 무릉武陵이라는 지역에 민물고기를 잡으며 사는 어부가 있었다. 어느 날 어부는 물고기를 잡으러 강을 따라 계곡 깊숙이 들어가는 사이에 자기가 어디에 있는지 알 수 없게 되었다. 어부가 무작정 자신의 작은 고기잡이배를 저었는데, 계곡 양쪽 물가를 따라 꽃들이 만발했다. 그 나무는 하나같이 복숭아나무였다. 달콤한 향기가 계곡 전체를 가득 채웠고 꽃잎이 하늘하늘 바람에 날렸다.

어부는 복숭아나무가 어디까지 계속되는지 보고 싶어서 앞으로 계속 나아갔다. 한동안 가다 보니 복숭아나무숲은 끊기고 계곡이 맞닿는 곳에 산이 나타났고 근처에 작은 동굴이 있었다. 안을 들여다보니 희미하게 빛이 보였다. 어부는 기슭에 배를 두고 뭍으로 올라와 동굴 안으로 들어갔다. 동굴 안은 무척 좁아서 사람 하나가 간신히 지나갈 정도였다.

동굴 안으로 계속 들어가자 갑자기 시야가 밝아지더니 눈앞에 대지가 나타났다. 넓은 대지는 평탄했고 손질이 잘 된 논밭과 아름다운 연못, 뽕나무와 대나무 숲도 있었다. 잘 닦은 길과 커다란 집이 있었고 그 집의 뜰에서는 개와 닭의 울음소리가 들렸다. 사람들이 입은 옷도 세상 사람들과 다를 것이 없었다. 백발이 성성

---

44 마노 다카야, 《낙원》(들녘, 2000)

한 노인이나 머리를 땋은 아이들도 한가롭고 즐거운 모습이었다.

DALL-E는 무릉도원을 이렇게 그렸다. "전설적인 도교의 낙원, 무릉도원을 담은 이미지입니다. 이 신화 속 장소의 고요하고 그림 같은 정수를 포착했습니다."

그리고 있는 사이에 어부의 모습을 발견한 마을 사람이 깜짝 놀라면서 도대체 어디서 왔느냐고 물었다. 어부가 겪은 그대로 이야기하자 마을 사람은 자기 집으로 데리고 가서 술과 닭 요리를 대접했다. 아래 세상에서 어부가 왔다는 소문을 들은 마을 사람들이 그 집으로 몰려왔다. 마을 사람들은 아래 세상에 대해 이것저것 어부에게 캐물었다.

"우리 조상들이 진秦 나라 때 전란을 피해서 가족과 친지들을 이끌고 이 산속으로 피난을 왔습니다. 그 후로는 마을에서 한 발짝도 나가지 않았기 때문에 세상과는 인연이 끊긴 생활을 하고 있지요. 그런데 지금은 어느 시대입니까?"

어부가 보기에 마을 사람들은 한漢이라는 시대도 몰랐다. 그러니 위魏나 진晉에 대해서는 말할 필요도 없었다. 대략 500년 동안이나 바깥세상으로부터 단절되어 있었던 것이다. 어부가 자신이 알고 있는 일에 대해서 이것저것 설명하자 마을 사람들은 놀라서 그저 한숨만 내쉴 뿐이었다.

그다음부터 마을 사람들은 번갈아 가면서 어부를 자기 집으로 초대해서 푸짐한 술과 안주로 대접하며 아래 세상의 이야기를 듣고자 했다. 어부는 이 마을에서 며칠 지낸 뒤 자기 마을로 돌아가려 했다. 그러자 마을 사람 중 하나가 그에게 이 마을에 대해서는 절대로 다른 사람에게 말하지 말라고 부탁했다.

어부는 마을을 나와 원래 장소에 있던 배를 타고 오면서 도중에 표시가 될 만한 곳을 여기저기 눈여겨보며 자기 마을로 돌아왔다. 곧바로 마을 관리에게 찾아가 자초지종을 보고했다. 관리는 이 이야기에 관심을 가지고 어부에게 부하를 동행시켜 마을을 다시 찾으려 했다. 그러나 복숭아꽃이 만발해 있는 그 평화로운 마을은 끝내 찾을 수가 없었다.

샹그릴라와 도원은 현실 세계에 있지만, 험준한 히말라야산맥을 오르거나 깊은 동굴 속을 지나야만 찾을 수 있다. 현실에 있지만 현실과 떨어졌고 다시 찾을 수 없다. 현실이지만 현실이 아닌 셈이다. 이상 세계에서 보면 자기 세상이 현실이고 바깥세상이 이상일지도 모른다. 그래서 이상에 사는 그들도 이상으로 가려면 히말라야산맥을 넘고 깊은 동굴을 통과해야 한다. 섣불리 이상을 추구하지 말라는 철학적 교훈인가 싶기도 하다.

시간

하지만 인간은 언제나 대가를 치르고 이상을 추구한다. 가장 큰 대가는 역시 인간의 시간이다. 현실에서 이상으로 가면 시간이 더디 흐른다. 이상에서 현실로 가면 그동안 접어두었던 시간이 확 펼쳐진다. 현실에서 이상을 갈 수도, 이상에서 현실을 갈 수도 없다. 이상을 꿈꾸는 대가는 시간이다.

재미있는 것은 물리학자들이 이상을 꿈꾸는 대가도 시간이다. 뉴턴부터 지금까지 물리학자들에게 시간은 아주 골칫덩어리다.[45] 미국 과학자들 사이에선 이런 농담을 주고받는다고 한다. 시계를 잃어버린 한 이민자가 뉴욕 거리를 걷다가 한 남자에게 다가가 시간을 물었다. 그러자 그 남자가 대답했다. "죄송합니다. 철학자에게 물어보세요. 저는 그저 물리학자이거든요."

사실 물리학자만큼 시간의 본질에 대해 진지하게 논쟁하고 고민하는 이들은 없을 것 같다. 18세기에 뉴턴과 라이프니츠는 시간이 우주에서 절대적인지를 두고 논쟁을 벌였다. 그리고 20세기 초 우리가 너무나도 잘 아는 과학계 슈퍼스타 아인슈타인이 시간에 대해 놀라운 사실을 발견했다. 시간이 누구에게나 똑같이 흘러가지 않을 수 있다는 사실을 말이다.

---

45 사이언스타임즈, "물리학자가 시간의 본질을 캐는 이유", 2008, http://www.sciencetimes.co.kr/?news=물리학자가-시간의-본질을-캐는-이유

아인슈타인은 두 차례에 걸쳐 상대성 이론을 발표함으로써 어디에 있든 무엇을 하든 누구에게나 공평하기만 한 시간의 흐름이 상대적으로 달라질 수 있다는 걸 세상에 알려주었다. 우선 1905년에 발표한 특수 상대성 이론에 기초한 시간에 대해 예를 들어 알아보자. 두 사람이 있다. 이 둘은 시계를 같은 시각으로 맞춘다. 그런 다음 한 사람은 가만히 앉아 있고 다른 한 사람은 여기저기를 계속 뛰어다닌다. 시간이 흘러 두 사람이 재회한다. 그러면 계속 동분서주하며 뛰어다닌 사람의 시계는 가만히 앉아 있는 사람의 시계보다 느리게 갈 수 있다.

1915년 아인슈타인은 중력을 포함한 일반 상대성 이론을 발표하면서 중력 역시 시간의 흐름과 관련이 있음을 보여주었다. 중력이 커지면 시간의 흐름이 느려진다. 두 사람이 시계를 맞추고 한 사람은 고층 빌딩 꼭대기에 가서 살고 다른 한 사람은 그 건물 1층에 가서 산다. 시간이 흘러 두 사람이 재회한다. 그러면 1층에 사는 사람의 시계가 꼭대기에 사는 사람의 시계보다 느리게 간다. 그 이유는 1층에 사는 사람은 지구에 더 가까이 있어 꼭대기에 사는 사람보다 중력이 더 크기 때문이다. 물론 그 효과는 확인이 안 될 정도로 미미하긴 하지만 말이다.

어찌 되었든 현대 물리학자들에게 시간의 본질을 이해하는 건 매우 중요한 일이 되었다. 그렇다면 왜 물리학자들은 시간의 본질을 알아내려는 걸까? 현재 물리학자들은 아인슈타인의 상대성 이론을 현대물리학의 또 다른 축인 양자역학과 통합하려고 한다.

이 둘을 통합하면 우주의 시작에 대한 비밀을 풀 수 있다. 이와 함께 물리학자들이 그토록 바라던 우주의 모든 현상을 설명해 줄 만물의 법칙을 얻을 수 있다고 믿는다. 생각할 수 있는 완전한 상태, 즉 물리학자들의 이상이다.

문제는 이 두 이론이 시간을 매우 다르게 본다는 데 있다. 우주라는 거대 스케일을 다루는 상대성 이론은 세상이 어떻게 움직이고 중력이 얼마나 크냐에 따라 시간의 흐름이 달라진다고 본다. 반면 원자나 그보다 작은 미시세계를 다루는 양자역학의 세계에서는 시간이 그리 중요하지 않다. 양자역학의 세계에서는 시간의 측정을 허용하지 않는다. 그래서 어떤 입자가 어느 특정 공간에 얼마나 오래 머무를 것이냐를 묻는다면 그 대답은 양자역학적으로 수백 가지 수천 가지 아니 무한히 많은 답이 나올 수 있다.

고전역학에 따르면, 우주를 이루는 모든 입자들의 현재 위치와 속도를 알 수만 있다면 이론적으로 우주의 과거와 미래를 모두 알 수 있다.[46] 과거와 미래의 우주를 굳이 관측하지 않아도 현재의 상태만 정확하게 알고 있으면 고전물리학의 법칙이 모든 것을 알려준다. 그런데 양자역학은 하나의 전자가 두 개의 구멍을 동시에 통과하는 것을 허용한다. 이렇게 '비상식'적인 관점으로 생각하면 지금의 입자를 있게 한 '과거'는 개념상으로 엄청난 변화를 겪을 수밖에 없다.

---

46 브라이언 그린, 《우주의 구조》(승산, 2005)

양자역학에 따르면, 전자 1개의 확률 파동은 두 개의 슬릿을 '모두' 통과하며 슬릿을 빠져나온 파동들이 서로 섞이면서 스크린에 간섭무늬를 만든다. 스크린의 특정 위치에 전자가 도달하는 빈도수는 그 지점에 형성된 간섭무늬의 강약에 따라 달라진다. 개개의 원자들이 2개의 슬릿을 동시에 통과해서 스크린에 도달했다는 것은 한 전자의 과거가 슬릿을 통과하는 순간부터, 또는 그 전부터 2개로 분리되어 동시에 진행되어 왔다는 것을 의미한다. 하나의 전자가 왼쪽 슬릿을 통과한 과거와 오른쪽 슬릿을 통과한 과거를 동시에 갖는다.

이 놀랍고도 괴상하기 짝이 없는 아이디어로 리처드 파인만[Richard Feynman]은 1965년 노벨 물리학상을 받았다. 고전 물리학은 단 하나의 과거만을 허용하지만, 양자역학에서는 과거의 영역이 훨씬 넓다. 파인만의 접근법에 의하면, 우리가 관측한 현재는 모든 가능한 과거들이 특별한 방식으로 혼합되어 나타난 결과다.

양자역학의 발전은 양자 컴퓨터로 이어진다. 양자 컴퓨터는 양자역학적 현상을 활용해서 자료를 처리한다. 현존하는 세계 최고의 슈퍼 컴퓨터가 수백 년이 걸려도 풀기 힘든 문제를 단 몇 초만에 풀어낸다. 아주 긴 시간을 아주 짧게 압축할 수 있다는 말이다. 어쩌면 양자 컴퓨터로 무장한 AI는 동굴에서 사는 신선이거나, 아니면 동굴 그 자체일지도 모를 일이다.

AI는 추상화를 그릴 수 있을까?

추상화를 그려줘.

이미지들은 다양한 형태와 색상으로 구성된 추상화를 나타냅니다. 각각의 작품은 기하학적이고 유기적인 형태들이 조화롭게 어우러져 있으며, 생동감 넘치는 색채가 특징입니다. 이러한 이미지들은 추상 예술의 본질을 포착하며 시각적으로 자극적이고 해석에 열려 있습니다.

AI와 추상화

AI는 그림을 잘 그린다. 정확하게는 구상화具象畵를 잘 그린다. 구상화는 모양을 구체적具으로 상세하게 그린 그림이다. 이와 달리 추상화抽象畵는 물체의 형상에서 본질을 뽑아내抽 그린 그림이다. 추상화를 그리는 일은 쉽지 않다. 이해하기는 더 어렵다. AI도 추상화를 잘 그리고 잘 이해할까?

DALL-E에 피카소의 〈화가와 뜨개질하는 모델〉처럼 여인의 손에서 뜨개질 바늘이 들어갔다 나왔다 치솟았다 가라앉았다 빙글빙글 돌다 쭉 뻗고 꺾는 모습을 그려달라고 해보자. DALL-E는 일단 사진처럼 그려내고 "뜨개질에 적극적으로 종사하  는 여성의 손. 뜨개질 바늘이 안팎으로 움직이고, 치솟았다가 내려앉고, 빙글빙글 돌다가 늘어납니다."라고 설명한다.

이번에는 추상화로 그려달라고 해보자. DALL-E는 이전과는 다른 그림을 그려낸다. "뜨개질의 역동적인 움직임에 관여하는 여성의 손을 묘사한 추상화입니다. 그림은 뜨개질 바늘의 본질을 포착해야 합니다." 흠… 뜨개질 바늘의 본질을 포착하다니 놀랍지만 그림은 그렇게 본질을 추상화로 보여주는 것 같지는 않다.

다시 그려 달라고 해봤다. "뜨개질에 종사하는 여성의 손에 대한 보다 추상적이고 덜 문자 그대로의 해석. 이미지는 뜨개질의 본질과 에너지에 초점을 맞춰야 합니다."

추상화의 본질

칸딘스키는 추상화$^{\text{non-objective art}}$의 선구자다.[47] 그는 "그림은 분위기^{mood}를 나타내는 것이지 물체^{object}를 나타내는 게 아니다."라고 말했다. 물체를 미술 용어로는 오브제^{objet}라고 한다. 그런데 추상화는 오브제를 그린 게 아니므로 non-objective 미술이다.

그림이 구체적인 대상을 재현하는 게 아니라면 뭐 하러 그림을 그릴까? 추상화를 들여다보면 놀랍게도 또 다른 오브제가 보인다. 캔버스, 물감, 붓 자국 같은 것이다. 미술 용어로는 물성^{物性}이라 한다. 추상화는 관객들로 하여금 이런 물성을 더 잘 관찰하게 해준다.

꽃, 동물, 풍경을 그렸다면 관객은 꽃, 동물, 풍경을 본다. 하지만 이런 형상이 나타나지 않을 때는 관객이 캔버스의 질감, 그 위에 칠해진 물감의 색, 이리저리 휘날린 붓 자국을 본다. 추상미술은 미술의 원천 재료인 점, 선, 면, 색을 보여준다.

미술관에서 추상화를 보는 사람에게 무엇이 보이냐고 물으면 어른들은 십중팔구 아무것도 안 보인다고 답한다. 하지만 아이들은 빨간색, 파란색, 동그라미, 네모 하면서 눈에 보이는 그대로 대답한다. 아이들에게는 미술이 외부 세계 형상 재현이라는 고정관념이 없기 때문에 추상화가 보여주는 미술의 물성을 있는 그대로

47 월간조선. "이규현의 '아트토크' – '그린 것 없이 그린' 추상화". 2014. http://monthly.chosun.com/client/news/viw.asp?ctcd=&nNewsNumb=201409100052

본다. 추상화가들은 이런 물성을 순수한 조형의 요소로 강조한다. 이런 요소가 빚어내는 아름다움을 집중해서 볼 수 있도록 추상화를 그린다.

추상화抽象畵를 그리는 추상화가처럼 추상화抽象化는 C, C++, 자바 같은 객체 지향 프로그램을 개발하는 개발자에게도 중요한 개념이다. 우리가 사용하는 대부분 소프트웨어는 객체 지향 프로그램으로 개발되었다. 객체란 실제 세계를 모델링하는 것인데, 객체 지향 프로그램은 실제 세계를 모델링하기 위해 추상화를 사용한다.

프로그래밍의 본질적인 의미는 시뮬레이션simulation이다.[48] 실제 세계의 정보나 상황 중에서 주된 관심의 대상이 되는 부분을 컴퓨터 내부로 이식한다. 그런데 실제 세계가 워낙 복잡해서 바로 컴퓨터 내부로 반영할 수 없어서 추상화와 구체화 과정을 거쳐야 한다. 추상화 과정은 실제 세계의 상황을 간결하고 명확하게 모델링한다. 구체화 과정은 추상화된 모델을 구체적인 프로그램 코드로 변환한다.

마우스를 예로 들자. 지금은 실제 세계에 마우스가 모델링되어 있다. 하지만 이런 마우스가 존재하지 않는다고 생각한 뒤 마우스라는 것을 모델링해 보자. 우선 화면의 어떤 영역을 선택하기 위해 클릭할 단추가 필요하다. 긴 화면을 아래로 내리려면 스크

---

48 바람돌's Life, "객체지향 프로그래밍 1화 – 개념, 추상화, 클래스", 2015, http://moen.tistory.com/27

롤 휠이 있으면 좋겠다. 이런 생각으로 마우스를 정의하기 시작한다.

좀 더 추상화를 해보면 선택 클릭, 메뉴 클릭, 스크롤로 기능을 뽑아낼 수 있다. 이것이 추상화 작업이다. 사람을 예로 들면, 심장, 눈/코/입, 이름, 성별, 키, 생각한다, 뛴다, 잔다 등으로 추상화할 수 있다. 하지만 사람은 날 수 없으므로 '날다'로 추상화할 수는 없다. 마우스나 사람이라는 객체에서 공통으로 가진 정보를 뽑아내는 것이 추상화고 이렇게 뽑아낸 추상적인 기능을 프로그래밍하는 것을 객체 지향 프로그래밍이라고 한다.

피카소의 뜨개질

피카소가 그린 〈화가와 뜨개질하는 모델〉에는 뜨개질하는 여인을 그리는 피카소가 나온다. 하지만 캔버스에는 여인의 형체가 없고 여러 개의 둥근 선과 직선이 마구잡이로 그려져 있다. 피카소는 지금 객체 지향 프로그래밍을 하는 중이다. 그가 그리는 것은 뜨개질하는 여인의 손이 움직인 경로다. 경로는 뜨개질하는 여인들의 공통된 속성이자 피카소의 주된 관심이다. 경로는 뜨개질이라는 오브제의 또 다른 오브제다.

어른들에게는 뜨개질하는 여인이 보이겠지만 아이들에게는 여인의 손에서 바늘이 들어갔다 나왔다 치솟았다 가라앉았다 빙글빙글 돌다 쭉 뻗고 꺾는 모습이 보일 것이다. 피카소는 뜨개질을 추상(抽象)함으로써 상상(想像)한 것이다.

카이스트에서 뇌과학을 연구했던 정재승 교수는 인공지능은 문제를 해결하는 데 특화되어 있고 인간은 문제를 정의 내리는 데 탁월하다고 말한다. "컴퓨터는 기존의 기계와는 전혀 다른 물건입니다. 이전까지 기계는 용도가 정확히 정해져 있는 물건이었죠. 하지만 컴퓨터는 용도를 특정할 수 없습니다. 아무것도 할 수 없는 동시에 디자인된 프로그램만 있다면 무엇이든 할 수 있습니다. 존 폰 노이만, 앨런 튜링 등 수학자들의 손에 의해 탄생했기에 수학적인 완벽함을 추구하는 장치, 완결된 알고리즘을 문자와 언어로 표현하는 기계인 셈입니다. 인간의 뇌와는 완전히 다른 지점에서 디자인된 것이죠."

그의 말에 따르면 컴퓨터는 부품을 뜯어서 아무리 봐도 그 내용을 볼 수 없다. 하드웨어와 소프트웨어가 완전히 별개로 작동한다. 하지만 인간의 뇌를 보면 성별, 취향, 심지어 직업까지 판별해낼 수 있다. "인간의 뇌는 구조가 기능을 담아내고 있습니다. 신경의 형태가 곧 인지의 패턴이 됩니다. 인간의 뇌는 기억을 저장하는 곳과 처리하는 곳이 동일합니다. 뇌가 마냥 커질 수 없기 때문에 한정된 공간에서 효율적인 구조를 취한 결과죠."

컴퓨터는 뇌와 달리 무한히 커질 수 있다. CPU와 메모리와 하드디스크가 분리되어 있어서 메인보드와 전력이 허락하는 한 무한히 확장할 수 있다. 따라서 인공지능은 기존 데이터를 기억하고 조합하고 확장하는 능력이 탁월하다. 하지만 인간의 지혜는 데이터를 비판적으로 받아들이면서 전복적인 아이디어를 만들어낸다. 데이터를 부정하고 데이터가 말하지 않는 걸 만들어낸다.

서울대 철학과 김상환 교수도 비슷하게 말한다.[49] "일상 대화나 상식 수준의 생각 교환, 아이디어 교환은 인공지능이 인간보다 잘할 겁니다. 인공지능이 정확하고 간결하고 경제적인 언어를 구사할 수 있기 때문이죠. 딥러닝은 거대한 빅데이터를 기반으로 공통점을 추출하고 개념화합니다. 인간 사고의 단계에서 놓고 보면 초보적 수준이죠. 인간은 공통점을 추출한 다음 개념화하고 적당한 이름을 붙입니다. 그 과정에서 기존 개념으로는 분류가

---

49 중앙일보, "AI는 욕망 없어 인간 지배 못해…생각의 주도권 잡아야", 2016, http://news.joins.com/article/20234730

안 되는 것들이 생깁니다. 기존 체계에 속하지 않는 것들이 갑자기 등장하는 것이죠. 이런 것들을 설명하기 위해 인간은 가설을 만듭니다. 넓은 의미에서 보자면 상상想像입니다. 창의성은 이러한 과정을 통해 생겨나는데 딥러닝, 다시 말해 인공지능이 아직까진 쫓아올 수 없습니다."

전복적인 아이디어를 내고 데이터가 말하지 않는 걸 만들어내는 능력, 넓은 의미에서 보면 기존 체계에 속하지 않는 것을 설명하기 위해 가설을 만드는 상상력. 이것이 아직 인공지능이 따라오지 못한 인간의 유일한 능력일까?

구글 딥마인드

구글은 딥마인드를 스타크래프트 2 게임에 적용하겠다고 2016년 11월에 발표했다. 스타크래프트 2는 실시간 전략 게임이다. 세종대 컴퓨터공학과 김경중 교수는 현재 인공지능이 프로 선수를 이기는 것은 무리라고 말한다.[50] "알파고같이 학습 능력을 탑재한 인공지능을 스타크래프트에 적용하기는 쉽지 않습니다. 개별 유닛에 학습 능력을 부여하는 정도는 가능하지만 스타크래프트 전체를 이끌어가는 것은 불가능합니다."

---

50 바둑신문, "'너흰 아직 준비가 안됐다'…스타크래프트 판 '인간 vs 인공지능' 대결 승자는?", 2017, http://baduknews.com/news/view.php?idx=630

스타크래프트 2 월드 챔피언십 2016에서 우승한 변현우 선수도 같은 생각이다. "스타크래프트는 많은 불확실성과 유동적인 요소에 따라 기민하게 반응해야 합니다. 그렇지만 알파고 같은 인공지능은 예측할 수 없는 시나리오에 반응하는 게 약한 것 같습니다."[51]

스타크래프트 2는 바둑이나 포커처럼 명확한 규칙이 없다. 공격 준비를 다 했다고 선포하고 공격하는 것도 아니고, 마린 몇 개만 생산해서 쳐들어가기도 한다. 상대가 뭘 하는지 전혀 모르는데도 자신감만으로 적진에 밀고 들어가기도 한다. 공격을 하면서도 자원을 채집해야 한다. 자원의 양과 비율을 보면서 병력을 생산하고 무기를 업그레이드해야 한다. 건물도 지어야 한다. 각각의 유닛이 다른 유닛과 협업하거나 싸워야 한다. 이런 일은 구상構想을 할 수 있어야만 가능한 일이다.

알파고는 싱글 에이전트Single Agent다. 사람과 1대 1로 승부한다. 스타크래프트도 밖에서 보면 1:1로 보이지만, 깊이 들어가 보면 수많은 인공지능의 집합이다. 사람이 게임할 때 마린의 행동은 마우스 클릭으로 결정한다. 마린이 특정 지역으로 이동하기를 원하면 마린을 선택한 뒤 이동할 지역을 클릭한다. 그런데 마린이 이동하다 적을 만나면 스스로 총을 쏜다. 위치도 다시 잡는다. 당초 사람이 지시한 특정 지역으로 가지 않고 자기 나름대로 전투 상황에 대처한다.

---

51 시사저널, "바둑 평정한 '알파고'의 다음 전장은 왜 스타크래프트일까", 2017, http://www.sisapress.com/journal/article/169468

사람은 마린과 같은 인공지능 에이전트 여럿을 조종하면서 게임한다. 사람과 승부하는 인공지능도 이런 마린 여럿을 지배하면서 게임한다. 그러므로 인공지능과 사람의 대결은 1대 1이 아니라 N 대 N이다. 멀티 에이전트^Multi Agent가 필요한 이유가 여기 있다.[52]

인공지능이 스타크래프트를 하려면 알파고의 싱글 에이전트 학습 방식을 쓸 수 없다. 다른 에이전트의 행동으로 인한 불확실성 때문에 학습이 어렵고 기존의 경험을 활용할 수 없다. 예를 들어 메딕^마린을 치료하는 유닛이 마린에게 가까이 갈 때 플러스 보상을 주지만 마린에게서 멀어지면 마이너스 보상을 준다고 하자. 마린이 동쪽에 있으면 메딕은 동쪽으로 이동해서 +1 보상을 받는다. 하지만 마린이 없는 서쪽으로 메딕이 이동하면 −4, 북쪽이나 남쪽으로 이동하면 −2 보상을 받는다. 메딕은 자기 행동이 가져올 미래 가치를 추정하여 최선의 보상을 받는 선택을 한다.

그런데 마린도 보상을 받는 에이전트이므로 일정한 방향이 있지 않고 스스로 학습하면서 다음 방향을 찾아 이동한다. 이제 메딕은 마린을 쫓아다닐 수밖에 없다. 문제는 메딕이 항상 마린이 간 길만 쫓아가므로 마린의 시행착오를 메딕도 똑같이 겪는다는 데 있다. 회사에서 워크숍을 갈 때 차 여러 대를 나눠 타고 맨 앞 차를 쫓아갈 때를 생각해 보자. 앞 차가 실수로 길을 잘못 들면 뒤를 따르는 차도 모두 길을 잘못 든다.

52 김태훈, "알아 두면 쓸 데 있는 신기한 강화학습", 2017, https://www.slideshare.net/carpedm20/naver-2017

이 문제를 해결하려면 모든 유닛이 계속해서 다른 유닛에게 메시지를 전달해야 한다. 또한 다른 유닛의 내부 정보를 모두가 공유해야 한다. 즉, 모든 에이전트가 어떤 방식으로든 서로 연결돼서 앞으로 하려는 행동이나 계획, 규모, 방법을 전체의 관점에서 구상構想해야 한다. 사람은 이렇게 게임을 한다. 그런데 인공지능이 어떻게 이런 사람과 대적할 수 있을까?

알파고가 사람과 바둑을 둬서 이긴 이유는 바둑의 환경이 완벽하기 때문이다. 바둑은 명확한 규칙과 정해진 상황에서만 작동하므로 알파고는 거의 모든 경우에 어떤 결과가 나올지 매우 정확하게 예측할 수 있다. 바둑 두는 중간에 바둑알이 저절로 움직이지 않는다. 흰 돌이 검은 돌로 변하지도 않는다. 자기 차례에 두 번 수를 둘 수도 없다.

완벽한 통제 상황에서 알파고는 자신의 행동이 미래에 어떤 결과를 가져오는지 분석하여 계획을 수립하는 모형으로 작동한다. 이런 모형은 바둑에서는 제대로 작동하지만, 스타크래프트같이 규칙이 복잡하고 명확하지 않은 상황에서는 제대로 작동하지 않는다.

인공지능이 이러한 문제를 풀어야 하는 이유는 현실 세계에 진입하기 위해서다. 자율주행차를 예로 들어 보자. 자율주행차 앞뒤 양옆에는 많은 카메라와 센서가 달려있다. 이들의 목표는 자동차의 방향과 속도를 적절히 조절하는 것이다. 그러려면 도로와 도로가 아닌 것을 구별하는 것부터 시작해서 차선, 자동차, 신호등, 사람, 자전거의 움직임을 모두 예측해야 한다.

자율주행차가 전방으로 주행해야 한다고 하자. 그때 어떤 사람이 우측 전방에서 좌측으로 움직이고 있다. 만약 사람이 현재와 같은 속도로 좌측으로 움직이고, 자율주행차 역시 현재와 같은 속도로 전방으로 움직인다면 둘이 부딪친다. 이제 인공지능은 선택을 해야 한다. 그러려면 사람이 계속 좌측으로 움직일지, 1초 후에 그 자리에 멈출지, 차와 부딪치기 직전에 멈출지 판가름해야 한다. 이것은 그 사람을 독립적인 에이전트로 보는 것이다. 바둑에서의 이세돌로 생각하면 된다.

하지만 여기에 자율주행차의 행동을 더해 보자. 자율주행차가 속도를 높이거나 경적을 울리면 그 사람이 알아차려서 그 자리에 멈출지도 모른다. 자율주행차가 속도를 줄이면 그 사람이 좌측으로 빨리 뛰어서 도로를 건너갈지도 모른다. 자율주행차의 행동이 그 사람에게 영향을 준다. 심지어 그 사람과 같이 걷던 사람이 그 사람과 부딪혀서 그 자리에 멈추게 될지도 모른다. 마침 휴대폰이 울려서 멈출지도 모른다.

상상하고 계획하는 인공지능

이 문제를 풀기 위해 인공지능이 선택한 것이 바로 상상^{想像}이다. 2017년 7월 20일 구글 딥마인드는 회사 홈페이지에 '상상하고 계획하는 인공지능$^{Agents\ that\ imagine\ and\ plan}$'을 만들었다고 발표했다.[53]

---

53 DeepMind, "Agents that imagine and plan", 2017, https://deepmind.com/blog/agents-imagine-and-plan

발생 가능한 미래를 상상해서 변화하는 환경에 따라 행동을 계획하는 이 인공지능은 3가지 특징을 갖고 있다.

첫째, 내부 시뮬레이션을 해석하는 방법을 배울 수 있다. 이 말은 인공지능이 자기가 세상을 인지하는 방법을 스스로 이해한다는 말이다. 세상이 어떻게 돌아가는지 완벽히 알 수 없는 상황에서 일련의 모형을 사용하여 대략적으로 세상이 돌아가는 방식을 파악할 수 있다.

둘째, 상상을 효율적으로 사용할 수 있다. 인공지능은 적절한 경로를 상상해서 문제에 적합하게 조정한다. 또한 보상과 상관없이 모든 상상에서 유용한 정보를 얻어낸다. 기존 강화학습에서는 반드시 보상이 주어져야 하며 각각의 선택과 확장에서 보상과 관련한 승률 정보만 역전달된다.

셋째, 다른 여러 전략을 학습해서 계획을 수립한다. 인공지능은 지금 상상한 경로로 계속 이동할지, 아니면 처음부터 다시 시작할지 스스로 결정한다. 이때 정확도와 계산 비용이 다른 새로운 상상 모형을 사용한다. 이렇게 하면 광범위한 전략계획을 수립할 수 있어서 불완전한 환경에서 하나의 전략에 올인할 때 생기는 문제를 해결할 수 있다.

마린이 건물 뒤에 있는 저글링에게 총을 쏜다고 해보자. 우리가 마린을 선택한 뒤 저글링을 공격하라고 명령하면 마린은 건물을 우회하는 최적 경로를 찾아 저글링에게 다가간다. 일단 저글링에게 다가가는 것은 단순 이동이다. 전투를 하러 다가가든 어떤 위치로 이동하든 마린에게는 같은 개념이다. 어쨌든 그렇게 어떤 위치에 도착하면 가장 가까이 있는 저글링에게 총을 쏜다.

상상하고 계획하는 인공지능에게 이 일을 시켜 보자. 그러면 그는 전투에서 이기기 위해 어떤 경로로 가서 어떤 저글링부터 공격해야 하는지 상상한다. 자신이 왜 움직이지는 해석한다. 자기가 저글링에게 다가가면 저글링이 어떻게 행동할지도 상상한다. 이제 인공지능은 자신이 원하는 보상을 찾는다. 즉 빠른 시간 안에 저글링 하나라도 죽이는 것이 좋을지, 저글링을 유도하여 본부 진영의 위험을 덜지, 시간이 걸리더라도 저글링을 하나씩 유도해서 쏘고 피하고 쏘고 피하고를 반복할지 결정한다. 그 상황을 학습하여 계획을 수립한다. 심지어 사격 정확도나 자신의 부상, 또는 죽음까지 상상하며 최적의 전략을 수립하여 실행한다.

사람의 상상이 원래 이런 식으로 작동한다. 마린을 선택해서 저글링을 공격하라고 명령할 때는 이미 다른 모든 유닛의 움직임을 상상한 뒤 하나의 전략을 만든 뒤다. 그래서 사람은 어떤 마린을 사지로 내몰기도 한다. 마린 하나를 미끼로 쓰기도 한다. 그 마린 입장에서 보면 억울하고 황당하겠지만, 전체 전략에서 보면 탁월한 선택이다. 인공지능이 이런 일을 해낸다면 인간의 영역에 거의 다다랐다고 봐도 무방하다. 그리고 수많은 마린과 저글링의 움직임은 피카소의 뜨개질처럼 치솟았다 가라앉았다 빙글빙글 돌다 쭉 뻗고 꺾는 모습의 추상화일 것이다.

AI에게 숫자가 중요할까?

숫자를 그려줘.

이미지들은 숫자들을 예술적이고 다채롭게 표현한 것입니다. 각 숫자는 독특한 폰트, 크기, 색상으로 스타일링되어 있으며, 동적이고 시각적으로 매력적인 레이아웃으로 배열되어 있습니다. 배경은 다채로운 숫자들을 보완하는 생동감 넘치는 추상 패턴으로 되어 있어, 작품의 장난스럽고 창의적인 성격을 강조합니다.

파라미터와 방정식

ChatGPT의 기반 모델인 GPT-3의 파라미터^{매개변수}는 무려 1,750억 개다. GPT-1은 1억여 개, GPT-2는 15억 개니까 앞선 모델의 10배가 넘는 파라미터를 사용했다. GPT의 파라미터 개수가 엄청나게 늘면서 이전 모델과 달리 ChatGPT가 사람처럼 말한다는 것에 모두 놀랐다. 앞으로는 파라미터가 1조, 10조, 100조 개가 되는 AI가 나올 것이다. 그때가 되면 무슨 일이 벌어질까?

파라미터는 AI라는 함수의 특정한 성질을 나타내는 변수를 말한다. 이렇게 얘기하면 너무 복잡해 보이지만, 이미 우리는 검색엔진에서 파라미터를 많이 사용하고 있다. 예를 들어 네이버 검색창에서 AI로 검색하면 검색 결과가 나오는데, 이 페이지의 URL을 보면 다음과 같이 도메인 주소 다음에 여러 파라미터가 들어간 것을 볼 수 있다. 파라미터는 키^{Key}와 값^{Value}의 짝으로 이루어져 있다.

https://search.naver.com/search.naver?where=nexearch&sm=top_hty&fbm=0&ie=utf8&query=AI

하나씩 뜯어보자.

where=nexearch는 현재 검색 결과 페이지다. sm=top_hty는 이 페이지의 맨 위에 있는 검색창을 말한다. query=AI는 AI로 검색했다는 말이다. 만약 query의 값을 GPT로 바꾸면 GPT로 검색된 결과가 나타나고 검색창에는 GPT가 입력된다. 파라미터가 많으면 많을수록 더 정확한 검색을 하거나 사용자의 요구에 더 적합한 웹페이지를 보여줄 수 있다.

사실 우리 모두는 이르면 초등학생 때, 늦어도 중학생 때 수학시간에 파라미터라는 것을 배웠다. 그때 우리는 아주 간단한 방정식, 즉 1차 방정식을 배웠다. $Y = aX + b$다. 이 방정식에서 a는 계수, b는 절편이다. 둘 다 매개변수, 즉 파라미터다. 수학 시간에 아마도 이걸 모수母數라고 배운 기억도 날 것이다.

a와 b 값을 알고 있다면 하나의 방정식 모델이 된다. 예를 들어 $Y = 2X + 1$이라고 정의해 보자. 이때 X가 고객 방문자 수, Y가 매출이라고 하면 고객이 몇 명일 때 매출이 얼마가 되는지 예측할 수 있다. ChatGPT의 원리도 이와 같다. 파라미터를 알고 있기 때문에 사용자가 질문하면 대답할 수 있는 것이다.

1차 방정식에는 문제가 있다. 1차 방정식은 선형이어서 X의 값을 양쪽으로 보내면 Y는 무조건 커지거나 무조건 작아진다.

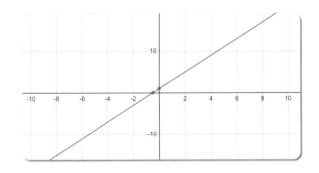

만약 X의 값이 더 늘어날 때 Y의 값이 내려가는 경우가 생기면 어떻게 할까? 예를 들어 매장에 고객이 거의 없을 때는 매출이 안 는다. 어느 정도 고객이 오면 매출이 는다. 그러다 고객이 미어터지게 많이 오면 대혼란이 생겨서 매출이 오히려 떨어진다면? 그런 경우를 2차 방정식으로 표현할 수 있다. 예를 들어 $Y = -5X^2 + 300X + 100$이라는 2차 방정식을 XY 좌표에 표현하면 다음처럼 포물선을 그린다. 매장에 고객이 30명일 때 매출이 정점을 찍고 그보다 적거나 많으면 매출이 줄어든다.

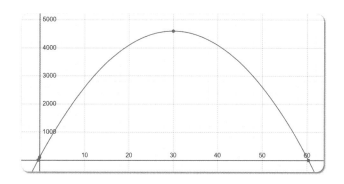

2차 방정식은 1차 방정식보다 파라미터가 1개 늘었지만 1차 방정식보다 결과를 더 잘 예측할 수 있다. 마찬가지로 3차 방정식은 2차 방정식보다 결과를 더 잘 예측할 수 있다.

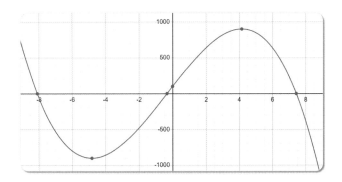

만약 방정식이 174,999,999,999차 방정식이라면 파라미터 개수가 1,750억 개일 것이다. 이렇게나 많은 파라미터를 가졌다면 임의의 X가 주어졌을 때 Y를 엄청나게 정확히 예측할 수 있다.

예를 들어 소개팅을 나갔다고 하자. 이때 상대에 대해 미리 알고 가야 소개팅 성공 확률을 높일 수 있다. 주선자에게 이런저런 것을 물어본다. 나이는 몇이고 사는 곳은 어디이고 하는 일은 뭔지 키는 얼만지 가족은 뭐 하는지 취미는 뭔지 관심사는 뭔지… 이런 것 하나하나가 파라미터다. 만약 소개팅 상대에 대해 1,750억 가지나 되는 정보를 가지고 있다면 아마도 상대방의 가족보다 상대방에 대해 더 잘 알 것이다. 상대방은 대화 내내 이렇게 말할 것이다.

"어머? 어떻게 아셨어요? 족집게이시네요?"

생각지 못한 무려

만약 파라미터가 무려 1조 개, 100조 개를 넘어가면 무슨 일이 벌어질까? 정말 상상도 할 수 없는 일이 벌어지지 않을까? 그래서 무려 1조 개, 무려 100조 개 하는 식으로 사람들은 '무려'라는 단어를 엄청난 숫자 앞에 쓴다.

무려無慮는 직역하면 '생각이 없다'지만, 생각 없이 사는 걸 무려하다고 말하지는 않는다. 옛 문헌에는 '생각하지 아니하다'로 사용되기도 했지만, 보통은 숫자 앞에 쓰여 그 수가 예상보다 상당히 많음을 의미했다. 려慮에 '헤아리다'라는 뜻이 있는데 '헤아리다'가 원래 숫자를 세는 것이다. 무려를 숫자를 셀 수 없을 만큼 많다, 생각지도 못하게 많다는 뜻으로 사용했다. 조선왕조실록에도 무려 수만, 무려 천만 인, 무려 수천만 인, 무려 수백 집 따위로 썼다.

무려는 자그마치나 남짓과 통용하곤 한다. '이번 영화 관객이 무려 천만 명이 넘었다'고 할 때 '이번 영화 관객이 자그마치 천만 명이나 된다'고도 쓸 수 있다. 남짓은 어느 한도에 차고 조금 남는 정도다. '이번 영화 관객이 천만 명 남짓 된다'로 쓴다.

무려, 자그마치, 남짓 사이에는 미세한 차이가 있다. 남짓은 기대한 것보다 조금 더 되는 양이다. 자그마치는 적게 예상했는데 이보다는 더 많은 모양이다. 무려는 미처 생각지 못한 결과에 적잖게 놀라는 모습이다. 이렇게 보면 무려는 '미처 생각하지 못한', '뜻밖의', '생각한 것을 훌쩍 넘는'처럼 사람의 생각을 초월한 것에 가깝다.

요즘에는 '어제 시내에서 무려 연예인을 봤다'거나 '무려 외제 차를 구입했다'처럼 숫자가 아닌 보통 명사 앞에서도 무려를 쓴다. 주로 예능 방송이나 SNS에서 이렇게 쓰는데, 이때도 그 뜻은 '기대 이상'이나 '전혀 생각하지 못한 일이 일어남'이다. 영어로는 as many as, 또는 no less than으로 쓴다. 'There are as many as 1,000 dogs on the table'은 '책상 위에 개가 무려 1천 마리 있다'는 말이다.

그런데 왜 하필 무無일까? 무상無想이나 무념無念은 상념이 없는 상태가 아니라 정이나 지식에 휘둘리지 않고, 생각마다 머무르지 않고, 무無와 유有에 집착하지 않는 자유로운 마음이다. 이렇게 보면 무려는 려에 휘둘리지 않고 려에 머무르지 않고 려에 자유로운 마음이다. 려慮는 호랑이가 짓누르는 생각이니 호랑이에게 휘둘리지 않고, 호랑이를 생각하지 않고, 호랑이가 있든 없든 생각이 자유로운 것을 무려의 본뜻으로 봐야 한다. 이렇게 보면 무려는 '생각 그 이상', '생각을 초월한', '보통의 생각을 뛰어넘는'의 뜻으로 보는 것이 옳다.

무려를 숫자 앞에 쓰면 그 숫자가 원래 가진 의미를 뛰어넘는다. 사람들은 '이번 영화 관객이 무려 천만 명이 넘었다'고 할 때 '천만 명'을 한계치로 생각한다. 천만 명을 넘어서는 순간 한계를 뛰어넘었다고 본다. 일종의 도약이고 점프다. 실제로 우리는 일정한 크기의 숫자에 이르면 갑작스러운 변화를 겪는다.

EBS가 2008년에 방영한 〈인간의 두 얼굴〉에 나오는 실험이다.

서울 강남역 부근 횡단보도에서 길을 건너다 말고 한 사람이 하늘을 보며 손짓을 한다. 사람들은 모두 그를 무시하고 횡단보도를 건넌다. 이번에는 두 사람이 하늘을 보며 손짓한다. 역시 사람들은 그 둘을 무시한다. 이번에는 세 사람이 같은 동작을 했다. 그러자 놀랍게도 횡단보도를 건너던 사람들이 모두 세 사람이 가리키는 하늘을 쳐다보았다.

어떤 일이 한두 번 일어나면 우연이라고 한다. 하지만 세 번 연속으로 일어나면 우연이라 보기 어렵다. 1과 2를 넘어 3이 되면 단순히 1이 하나 더해진 것 이상의 의미를 가진다. 1차원과 2차원을 넘어 우리는 3차원에 산다. 3은 곧 자연이다. 모든 자연의 색은 3원색에서 비롯한다.

기독교에서 3은 완전함, 그러니까 하느님의 세계를 상징한다. 삼위일체가 그렇다. 《마태》에 나오는 말이다. "그러므로 너희는 가서 모든 민족들을 제자로 삼아, 아버지와 아들과 성령의 이름으로 세례를 주고, 내가 너희에게 명령한 모든 것을 가르쳐 지키게 하여라. 보라, 내가 세상 끝 날까지 언제나 너희와 함께 있겠다."

우리 단군신화에서는 삼위태백三危太伯이 있다. 《삼국유사》에 고조선의 개국신화를 다루며 홍익인간이라는 단어가 나오는 구절이다. "환인의 서자 환웅이 자주 하늘 아래에 뜻을 두고 인간 세상을 구하고자 했다. 아버지가 아들의 뜻을 알고 아래로 삼위태백을 내려다보니 널리 인간을 이롭게 할 만했다. 이에 천부인 세 개를 주어 가서 그곳을 다스리게 하였다. 환웅이 삼천 명을 데리고 태백산 꼭대기 신단수 아래에 내려와 신시神市라고 하였다. 그를 환웅천왕이라 일렀다."

아직도 아이를 낳으려면 삼신할머니에게 빌어야 한다. 한글은 천, 지, 인이 원리다. 남자와 여자는 부부지만 그들 사이에 아이가 생기면 비로소 가족이 완성된다. 한 논문에 따르면 우리나라 속담 8,197개 중에서 숫자가 표현된 속담은 984개였다.[54] 그중에 3이 표현된 것이 가장 많아서 287개[29.2%]를 차지했다. 그다음은 1이 표현된 것이 170개[17.3%]였다. 유독 3이 많은 이유는 홀수를 선호했던 우리 정서와 함께 3이 자연을 가장 잘 표현하는 수이기 때문이다.

1은 주로 '적은', '하나'로 쓰였다. "일 년에 한 번은 좋은 날이 있다", "남의 흉이 한 가지면 제 흉은 열 가지" 따위다. 2는 '둘', '적은'으로 쓰였다. "오소리감투가 둘이다", "토끼 둘 잡으려다가 하나도 못 잡는다" 따위다. 3은 지나치지도 모자라지도 않으면서 수를 아우르는 의미로 쓰였다. "구두장이 셋이 모이면 제갈량보다 낫다", "말똥도 세 번 굴러야 제자리에 선다", "부자는 망해도 삼 년 먹을 것이 있다", "구슬이 서 말이라도 꿰어야 보배" 따위다. 4는 '사촌'이란 친척 용어 때문에 '가까운'의 의미가 많다. 5, 6, 7은 모두 계절, 특히 여름을 나타낸다. 8과 9는 '많은'으로, 10은 '여러'로 쓰였다.

---

54 박은하, "한국 속담에 표현된 수의 의미", 2009

아주 큰 숫자와 구글

속담에서 쓰는 숫자는 "세 닢짜리 십만 냥짜리 흥본다"에서 쓴 십만이 한계다. "저승길이 구만 리", "앞길이 구만 리 같다"처럼 보통은 구만까지 센다. 구만이면 아주 먼 숫자다. 옛날에 보통 살림에서는 이 정도 숫자면 충분하다. 하지만 요즘은 훨씬 더 큰 숫자를 쓴다. 우린 보통 억$^{10의 8승}$, 조$^{10의 12승}$까지 센다. 우리나라 한 해 예산이 2007년에 400조 원이었으니 보통 사람이 신문 보기에는 조까지만 세도 충분하다. 하지만 사람들은 그 위로 많은 숫자를 만들었다.

조선시대 왕은 수학도 공부했는데 교재가 《산학계몽》이다. 산학은 계산학인데 지금의 중학교 수학과 비슷하다. 원래 《산학계몽》은 1299년 중국 원 나라 때 주세걸이 편찬했다. 이전에 숫자의 의미를 주로 가르치던 산술서와 달리 민간 수학이었다. 상업 사회에서 물품의 거래에 관한 문제를 책 곳곳에서 다룬다. 우리나라로 넘어와서 세종 때 경오자본으로 세종이 공부했다. 지금 보물 제1654호다.

이 책에 우리가 알 듯 모를 듯한 숫자 이름이 나온다. 십, 백, 천, 만, 억, 조, 경까지는 다 아는 숫자다. 그다음은 해, 자, 양, 구, 간, 정, 재, 극이다. 극極은 더할 수 없을 만큼 막다른 지경이다. 사람이 다다를 수 있는 마지막 끝이다. 북극北極, 남극南極을 보면 알 수 있다. 지금으로 치면 극은 지구의 크기다. 10에 48승이다.

극 다음으로 큰 숫자는 사람의 보통 생각으로는 다다를 수 없으니 당시의 불교 용어에서 따 왔다. 10의 52승은 항하사^{恒河沙}다. 항하는 갠지스강이다. 갠지스강의 무수히 많은 모래를 뜻한다. 아르키메데스는 지구의 모래알 개수를 10의 51승보다 적다고 계산했다. 만약 우주 전체를 모래알로 채우려면 모래알이 얼마나 필요할까? 당시 사람들이 생각한 우주는 태양계에서 토성까지였다. 그는 지구, 태양, 달, 금성, 수성, 화성, 목성, 토성을 채우려면 모래알이 10의 63승만큼 있으면 된다고 계산했다.

우주의 모래알 숫자인 10의 64승을 불가사의^{不可思議}라 한다. 워낙 숫자가 크니 상식으로는 생각할 수 없을 만큼 이상하고 야릇하다. 세계 7대 불가사의는 현대 상식으로 이해할 수 없는 유산이다. 불가사의보다 큰 수는 더 이상 셀 수 없는 무량대수^{無量大數}다. 10의 68승이다. 우리는 만진법을 쓰므로 이렇게 10,000승 단위로 숫자가 의미를 가진다. 유럽은 천진법을 쓰므로 1,000승 단위로 숫자의 의미가 달라진다.

스마트폰을 사면 용량을 나타내는 메가^{mega}, 기가^{giga}가 있다. 메가는 10의 6승, 기가는 10의 9승이다. 이렇게 1,000승 단위로 늘어서 테라, 페타, 엑사, 제타, 요타$^{10의 24승}$에 이른다. 페타는 그리스어로 5를 뜻한다. 페타는 10의 15승인데, 이것은 곧 1,000의 5승과 같다. 엑사는 10의 18승인데, 이것은 1,000의 6승과 같다. 그래서 6을 뜻하는 엑사로 이름 붙였다. 마찬가지로 제타는 7을, 요타는 8을 뜻한다. 그러니까 10의 24승 요타는 1,000의 8승이다.

지금까지 우리가 만들고 아는 거대한 숫자 이름 중에서 가장 유명한 것은 구골이다. 원래 구글 창업자 래리 페이지는 사이트명으로 구골googol을 쓰려고 했는데 한 투자자의 실수로 구글google이 되었다. 구골은 1940년에 발행된 《수학과 상상Mathematics and the Imagination》이란 책에 나오는 용어로 10의 100승을 말한다. 구골만큼 많은 정보를 검색하겠다는 래리 페이지의 의지가 지금의 구글을 만들었다.

거대한 깨달음

우리의 생각은 숫자와 뗄 수 없다. 세상을 이해하려면 숫자를 이해해야 한다. 비단 상업에서 거래에 필요한 숫자만이 아니다. 숫자는 지경地境이자 경지境地다. 우리가 갈 수 있는 마지막 땅을 지경이라 한다. 하지만 그 지경을 넘어서면 경지에 이른다. 그래서 숫자는 목표를 잡을 때도 쓰고 한계를 지을 때도 쓴다. 그 숫자 앞에 붙이는 무려無慮는 그 숫자가 나타내는 의미 이상이다. 그 숫자를 초월하고, 그 숫자를 뛰어넘는다. 스스로 숫자를 키우면서 변화를 만들고 세상을 바꾼다. 그 순간 특이점이 온다.

인도의 시에라무라 왕 시대에 세타라는 사람이 체스를 발명했다. 왕이 체스를 해보니 무척 재미있어서 세타에게 상을 내리기로 했다. "세타야! 그대가 체스를 만들어 나를 즐겁게 하였으니 내 너를 위해 무엇이든 상을 내리마. 원하는 것을 말해 보거라."

세타가 대답했다. "왕이시여, 체스만큼 소박한 상을 주시옵소서. 제가 원하는 것은 별거 없습니다. 체스판 첫 칸에 밀 한 알을 주시고, 두 번째 칸에 두 알, 세 번째 칸에 네 알, 네 번째 칸에 여덟 알, 이런 식으로 다음 칸에 이전 칸의 두 배가 되게 주십시오."

왕이 세타의 말을 들어보니 하도 소원이 소박하여 신하를 불러 당장 세타에게 밀을 상으로 내리라고 명령했다. 그런데 며칠이 지나도 신하들이 상을 내리지 않았다. 왕이 재촉하자 신하가 대답했다. "왕이시여, 지금 궁중의 모든 수학자가 밀 알의 개수를 세고 있사옵니다. 이 상을 거두시옵소서." 왕이 화를 냈다. "그깟 밀 얼마를 상으로 내리는데 뭐 그리 셀 것이 많단 말이냐!"

신하가 수학자를 불러왔다. 수학자가 말했다. "왕이시여, 체스판은 모두 64칸이옵니다. 첫 칸에 한 알, 두 번째 칸에 두 알, 세 번째 칸에 네 알, 이런 식으로 이전 칸의 두 배를 다음 칸에 쌓으려면 모두 1,844경 6,744조 737억 알이 넘사옵니다. 밀을 이만큼 세려면 평생 걸려도 불가능하고 나라 안의 모든 밀을 거두어도 이만큼이 되지 아니하옵니다. 상을 거두시옵소서."

이 이야기는 이전 단계를 제곱해서 나아가면 어느 순간 무슨 일이 벌어지는지 보여준다. 싱귤래리티 대학의 살림 이스마일과 동료가 쓴 《기하급수 시대가 온다》의 기하급수 기업의 성과처럼 선은 오른쪽으로 갈수록 위로 가파르게 치닫는다.[55] 오르면 오를수

---

55 살림 이스마일 외, 《기하급수 시대가 온다》(청림출판, 2016)

록 더 가파른 히말라야 산처럼 궁극에는 수직 절벽에 가까워진다. 그때는 아무도 예상하지 못한 사건이 벌어진다.

거대한 숫자는 거대한 깨달음을 준다. 하지만 깨달음의 순간은 거대하지 않다. 아주 짧다. 깨달음은 찰나^{刹那}의 순간에 느닷없이 들이닥친다. 찰나를 숫자로 나타내면 10의 −18승이다. 우리가 순식간에 깨닫는다고 할 때 순식^{瞬息}은 10의 −16승이다. 애매모호하다고 할 때 모호^{模糊}는 10의 −13승이다.

찰나는 원래 산스크리트어로 끄샤나다. 이 말은 어떤 일이나 사물 현상이 일어나는 바로 그때를 의미한다. 시간은 음수가 될 수 없으므로 10의 −18승은 사실상 1과 0 사이에서 0에 가까운 숫자다. 그때 한 생각이 일어나는데, 그래서 찰나를 일념^{一念}이라고도 한다. 불경에 보면 2명의 남자가 명주실을 붙잡고 당길 때 실이 끊어지는 순간이 64찰나다. 찰나의 순간은 정말 눈 깜짝할 시간만큼 짧다. 이 짧은 찰나의 순간에 영어 단어 하나 읽기도 어려운데 사람은 어떻게 깨달음을 얻을까?

뇌를 좌우로 구분하여 사람을 좌뇌형 인간, 우뇌형 인간으로 나눠 설명하는데 실제로는 허무맹랑한 이야기다. fMRI가 뇌과학에 사용되면서 이런 우스꽝스러운 좌뇌 우뇌 논쟁은 과학적으로 엉터리로 밝혀졌는데도 불구하고 여전히 교육계에서 교육 과정이나 제품 홍보로 사용한다.

사람의 뇌는 좌뇌 우뇌가 따로 작동하지 않는다. 특정 영역이 활성화되는 강도에 차이는 있지만, 생각할 때는 뇌의 대부분 영역에서 조금씩이라도 활성화된다. 특히 깨달음의 순간에 사람의 뇌 전체가 활성화한다. 깨달음을 영어로 enlightenment라고 하는데, 이 말은 어둠에 불빛을 비춘다는 뜻이다. 깨닫거나 아이디어가 생길 때 머릿속에 전구가 켜지는 이미지도 여기서 나왔다. illumination도 깨달음으로 쓴다. 빛, 조명을 나타낸다. 로버트 루트번스타인과 미셸 루트번스타인이 쓴 《생각의 탄생》의 원래 제목은 《Spark of Genius》다.[56] 스파크는 불꽃이다.

이 책의 저자는 천재적인 깨달음은 언어로 표현되기 전에 이미 감정과 직관, 이미지와 몸의 느낌으로 그 존재를 드러낸다고 말한다. 그것을 풀어내는 방법, 즉 깨달음을 보여주고 설명하는 방법으로 관찰, 형상화, 추상화 등 13가지 생각 도구를 설명한다. 깨달음은 자동차 엔진의 스파크와 같다. 자동차 시동을 켜면 찰나의 순간에 스파크가 튀면서 연료가 활활 타며 엔진이 가동한다. 연료는 생각이다. 생각을 일으키는 무엇인가가 깨달음이다. 반대로 생각을 하다 보면 무엇인가 스파크가 튄다.

불교의 깨달음은 엔진이 정지한 상태, 불이 꺼진 상태다. 열반 또는 해탈로 表現하는데, 열반은 다들 잘 아는 니르바나[nirvana]다. 니르바나는 본래 석가의 죽음이다. 불어서 사라졌다, 또는 방황하면서 타오르는 불을 완전히 끄고 깨달음에 들어간 경지를 의미한다. 탐욕과 증오와 어리석음의 번뇌가 모두 사라진 상태다.

56 로버트 루트번스타인, 미셸 루트번스타인, 《생각의 탄생》(에코의서재, 2007)

불교에서 깨달음은 다음 단계로 나아가는 수단이다. 그러니까 불이 꺼진 상태는 협의의 깨달음이고, 어두운 곳에서 불이 켜지는 것은 광의의 깨달음이라 볼 수 있다. 그렇다면 어두운 곳에서 깨달음이 나오거나 그다음 단계로 넘어가는 것은 확실하다. 방향을 바꾸지 않고도 생각이 다음 단계로 넘어갈 수 있는 방법이다.

아주 큰 숫자는 아주 큰 깨달음을 준다. 숫자는 단순히 숫자가 아니라 인간의 생각과 문화를 만드는 도구이자 목표였다. AI에게 파라미터의 개수도 그런 의미가 되지 않을까? 어떤 숫자를 뛰어넘으면 AI가 거대한 깨달음을 얻을 수 있지 않을까? 그래서 우리는 AI의 파라미터가 무려 1조 개, 100조 개가 되면 무슨 일이 생길지 궁금해한다.

AI가 4차원을 만들 수 있을까?

차원을 그려줘.

이미지들은 다양한 차원을 초현실적이고 추상적으로 해석한 것입니다. 각 차원은 다양한 형태와 패턴의 층으로 표현되어 있으며, 세 번째 차원은 부유하는 기하학적 형태, 두 번째 차원은 평평한 그리드, 첫 번째 차원은 추상적인 선이나 점들로 나타내고 있습니다.

2차원 주민의 3차원

짐 알칼릴리는 《블랙홀, 웜홀, 타임머신》[57]에서 3차원 세계에 사는 우리와 2차원 세계에 사는 주민의 삶을 설명한다. X와 Y축으로만 구성된 2차원 세계의 주민들은 오른쪽, 왼쪽, 위쪽, 아래쪽으로만 움직일 수 있다.

세계가 입체가 아닌 평면이기 때문에 두 주민이 길을 가다가 서로 마주치면 3차원 세계에 사는 우리처럼 '비켜서' 통과하는 것이 불가능하다. 한 사람이 엎드리고 다른 사람이 그 사람 위를 밟고 지나가는 방법밖에 없다. 2차원 세계의 도둑에게 상자 안의 왕관을 훔치는 일은 쉬운 일이 아니다. 눈이 입체가 아니기 때문에 상자 안에 무엇이 있는지조차 알 수 없다.

3차원 세계에 사는 우리가 상자 안에서 왕관을 꺼내서 그의 머리에 씌워주면 어떻게 될까? 우리에게는 너무나 간단하고 손쉬운 일이지만 2차원 세계의 주민은 결코 할 수 없는 일이다. 우리가 2차원 주민을 한 명 들어서 다른 곳에 놓으면 그들은 그가 순식간에 이동했다며 놀라 자빠진다. 2차원 세계의 주민들은 이 모든 일을 상상조차 할 수 없다.

2차원 세계에서 3차원 세계를 상상하려면 3차원 세계를 가설^{假設}해야만 가능하다. 없는 것을 있다고 전제해야만 비로소 3차원 세계를 상상하는 실마리를 얻을 수 있다. 건축 설계도를 볼 줄 모르

---

57 짐 알칼릴리, 《블랙홀, 웜홀, 타임머신》(사이언스북스, 2003)

는 사람은 설계도를 아무리 봐도 완성된 건축물을 상상할 수 없다. 미분 방정식을 모르면 아인슈타인의 상대성 이론을 이해할 수 없다. 악보를 볼 줄 모르면 악보로 음악을 연주하고 오케스트라를 지휘하는 사람을 보고 깜짝 놀란다. 앞에서 언급한 MCTS를 이해하지 못하면 인공지능이 어떻게 생각하는지 모른다.

상상을 하려면 가설을 세워야 하고 가설을 세우려면 가설을 세우는 법부터 배워야 한다. 이제 우리가 사는 3차원 세계에서 4차원의 가설을 세워 보자. 4차원은 3차원 공간에서 하나의 축이 추가된다. 원래 X, Y, Z의 3개 축이 있었는데, 여기에 W축이 하나 더 있다고 생각하자.

우선 A4 종이에 정사면체 큐브 평면도를 그리자. 평면도는 보통 십자가 모양이다. 가위로 오려서 접으면 상자가 된다.

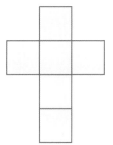

그렇다면 축이 하나 더 있는 4차원 정사면체 큐브의 평면도는 어떻게 생겼을까? 간단하다. 평면도에 차원을 하나 더 그리면 된다.[58]

---

58 위키피디아, "정팔포체", https://ko.wikipedia.org/wiki/정팔포체

이제 이 4차원의 평면도를 접어보
자. 그러면 다음 그림처럼 만들어진
다. 이것을 4차원 초입방체$^{\text{four-dimensional}}$
^{hypercube}, 또는 정팔포체^{Tesseract}라 부른다.

이것을 0차원에서부터 만들어보면 다음과 같다.

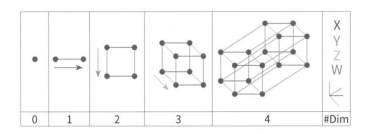

그냥 도형 안에 도형을 넣은 것처럼 보이기도 한다. 그러나 물체
를 회전하면 다른 모습이 나온다.

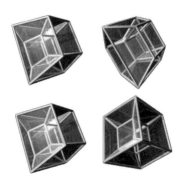

현재 기술로는 아무도 4차원의 세계를 만날 수 없다. 하지만 사람들은 0차원에서 3차원에 이르는 코끼리의 뼈를 보고 4차원의 코끼리를 만들어냈다. 더 놀라운 것은 5차원, 6차원… n차원의 다포체를 가정해 놓고 답을 찾아간다는 사실이다. 현대의 백과사전 위키피디아에는 다포체를 10차원까지 그려놓았다. 다음 그림이 10차원 다포체다.

AI가 생각하는 4차원

OpenAI의 DALL−E에게 4차원을 그려달라고 하면 어떻게 할까? 직접 물어봤더니 대답은 이렇다.

"4차원을 시각화하는 것은 매우 어렵습니다. 우리는 3차원 세계에 살기 때문에 4차원을 직접 볼 수 없습니다. 그러나 4차원 개체의 3차원 투영을 그리는 것은 가능합니다. 예를 들어, 4차원

정육면체인 '테서랙트'의 3차원 투영을 그릴 수 있습니다. 테서랙트는 마치 중첩된 큐브처럼 보이며, 각 모서리가 또 다른 차원으로 연결되는 것처럼 보입니다. 이런 이미지를 만들어 볼까요?"

그려달라고 했더니 다음과 같은 그림이 나왔다.

이번에는 5차원을 그려달라고 했다.

"10차원 개체를 시각화하는 것은 극히 도전적입니다. 4차원이나 5차원처럼, 우리는 이러한 높은 차원의 개체를 직접적으로 볼 수 없으며, 따라서 그것들을 3차원으로 투영하는 것은 추상적이고 상상력에 의존한 작업이 됩니다. 10차원 개체의 3차원 투영은 더욱 복잡하고 추상적인 형태로 나타낼 수 있습니다. 이러한 구조는 다양한 중첩된 형태와 연결선으로 구성되어, 보는 이에게 다차원의 존재를 암시하는 시각적 표현이 될 것입니다. 이런 이미지를 생성해 볼까요?"

그려달라고 했더니 다음과 같은 그림이 나왔다.

AI가 3차원을 넘어서 4차원으로 가는 일은 어려워 보인다. 결국 사람처럼 3차원의 눈을 가지고 다른 차원을 본다. 하지만 이런 식으로 계속 고차원을 3차원에 투영하다 보면 언젠가 고차원의 세상에 대해 뭔가 알 수도 있지 않을까? 우리가 미처 못 본 무엇인가를 볼 수도 있지 않을까? 가설을 세우고 구현해 낼 수 있지 않을까?

매직아이

매직아이란 것이 있다. 그냥 보면 어지럽게 색칠한 그림이다. 하지만 눈의 초점을 그림 뒤로 맞춰서 멍 하니 보고 있으면 갑자기 없던 그림이 앞으로 툭 튀어나온다. 2차원 평면이라 할지라도 좌우 눈에 입력되는 영상에 적당한 어긋남을 주면 입체를 볼 수 있다.

뇌는 두 개의 눈에서 들어온 시각 정보를 경험과 통합하여 재구성한다. 눈이 두 개여서 3차원을 인식하는 것이 아니라 세상을 살아가며 경험한 것을 토대로 3차원을 인식하는 능력을 발달시킨 것이다. 갓 태어난 아이는 시신경 시스템이 완전히 발달하지 못한 이유도 있겠지만, 세상에 대한 경험이 없어서 3차원 세상을 제대로 인지할 수 없다. 요즘 유행하는 VR^{Virtual Reality}의 영상 콘텐츠도 사실은 2차원 평면 영상이다.

Virtual이란 말은 '실제의', '실질적인', '거의 사실과 다름없는'이란 뜻으로, 라틴어 virtus에서 왔다. virtus는 힘, 권력을 상징한다. 로마에서 비르투스는 남성의 덕성과 용기를 상징하는 신이다. 가상현실의 가^假도 마찬가지다. 가^假는 힘 좋은 사람이 절벽에 붙은 광물을 캐는 모습이다. 여기서 '자연에서 잠시 빌리다'는 의미가 나왔다. 그런데 자연에 있는 것은 참이고 사람이 자연에서 빌린 것은 참이 아니므로 '거짓'의 의미도 생겼다. '가^假짜'가 여기서 나왔다. '짜'는 진^眞짜, 날짜, 괴^怪짜, 알짜처럼 앞 글자의 성질을 돋보이는 우리말이다.

요컨대 Virtual이나 가상^{假想}이나 모두 현실의 힘에서 비롯한 말이다. '이를테면', '예를 들면'을 뜻하는 가령^{假令}의 령^令은 명령^{命令}의 령이다. 현실에서 힘을 가지고 상상한 것이니, 아직 현실은 아니지만 곧 현실이 된다는 점에서 가상은 허상^{虛想}과 다르다.

허虛는 큰 언덕에 사람이 없는 모양이다. 허상은 실제로 없는 것을 있는 것처럼 보이게 하는 것이다. 허위虛威, 허점虛點, 허무虛無, 공허空虛처럼 존재하지 않고 비어 있는 것이다. 하지만 가상은 가정假定, 임시로 정함, 가처분假處分, 임시로 어떤 행위를 요구함, 가칭假稱, 임시로 일컬음, 가석방假釋放, 임시로 석방함과 같이 상황의 변화에 따라 진짜가 된다. 아직 오지 않은 미래는 모두 가상현실이라 할 수 있다. 이런 미래의 현실을 가설을 세워 증명하기만 하면 실재가 된다.

아르키메데스의 동기

그래서 가설을 수립하는 사람은 힘과 돈을 가진 사람이다. 가설을 증명하는 사람은 가설을 수립하는 사람의 명령이나 요구를 받는다. 아르키메데스는 가설을 증명했다. 그 가설은 왕 히에론 2세가 명령한 것이다. 왕의 가설은 이렇다. "금세공 기술자가 만들어 바친 왕관에는 은이 섞여 있다." 아르키메데스에게 이 가설을 증명한다. 시라쿠사 왕의 상상이 유레카를 만든 셈이다.

시라쿠사는 이탈리아 시칠리아 섬 남동쪽 해안에 위치한 도시다. 히에론 2세는 시라쿠사 통치자 피로스 휘하의 장군이었다. 그는 시라쿠사의 군사와 시민들의 지지를 얻어 군단장의 지위에 올랐고 당시 명망가였던 레프티네스의 딸과 결혼하여 입지를 강화했다.

히에론 2세는 아르키메데스에게 거대한 수송선을 제작하라고 명령했다. 시라쿠시아라 이름 붙인 이 배는 정원과 신전이 딸려 있고 무려 600명이 승선할 수 있었다고 한다. 아르키메데스는 지레와 도르래를 이용해서 육지에 있는 이 엄청난 크기와 무게의 배를 혼자 힘으로 물에 띄워 모두를 놀라게 했다. 여기서 그가 남긴 유명한 말이 있다. 그가 히에론 2세에게 한 말이다. "제게 설 자리와 도르래를 주시면 지구를 움직여 보겠습니다."

당시에 배 바닥에 물이 차는 일이 잦았다. 히에론 2세는 아르키메데스에게 이 문제를 해결하라고 명령했다. 아르키메데스는 바빌로니아 공중 정원에 사용된 나선양수기를 개량해서 배에 물이 차는 문제를 해결했다. 1839년에 건조된 세계 최초의 프로펠러 추진 방식의 증기선의 이름이 SS 아르키메데스였다. 아르키메데스의 업적을 기려 명명한 것이다.

아르키메데스는 히에론 2세의 아들 겔론 2세에게 편지를 썼는데, 이 편지가 그 유명한 〈모래알을 세는 사람$^{\text{The Sand Reckoner}}$〉이다. 이 편지는 이 우주를 가득 채우려면 몇 개의 모래알이 필요한지 계산하는 내용으로 가득 차 있다. 아르키메데스는 계산을 위해 세상의 무한한 수를 셀 수 있는 지수 개념을 창안했다. 1백만은 1천의 1천 배이므로 1천의 제곱 승, $1,000^2$으로 나타낼 수 있다.

편지의 서두에 아르키메데스는 이렇게 썼다.[59] "겔론 왕이시여. 세상에 모래알의 수가 무한대라고 생각하는 사람이 있습니다. 그래서 어떤 이름도 모래알 수를 충분히 표현할 수 없다고 말합니

59 Archimedes, 〈The Sand Reckoner〉

다. 하지만 모래알을 적당한 단위로 묶어서 센다면 그의 곱셈을 통해 아무리 많은 모래알의 개수라도 신속하게 헤아릴 수 있습니다. 제가 이제부터 폐하께 기하학적 증명의 방법으로 설명해 드리겠습니다."

아르키메데스는 이 편지에서 8쪽에 걸쳐 기하학적 증명을 쭉 설명한다. 그는 왜 갤런 2세에게 수학적 계산과 도형이 가득한 이 편지를 보냈을까? 아르키메데스가 갤런 2세의 무지를 깨우치기 위해서일까? 아니다. 보통 사람이라면 이 정도의 기하학적 설명을 이해할 수 없다. 아르키메데스는 편지 말미에 이렇게 썼다.

"갤런 왕이시여. 저는 수학을 배우지 않은 대다수 시민은 이 결과를 믿지 않을 거라고 생각합니다. 하지만 수학을 배워 친숙한 사람들은 이 증명으로 인해 지구와 달, 나아가 우주의 거리와 크기에 대한 질문을 생각하는 계기가 될 것입니다. 이런 이유로 저는 이 주제가 폐하가 참고할 만한 것이라 생각했습니다."

우리는 아르키메데스의 창의적인 업적을 기억한다. 하지만 갤런 왕이 우주의 거리와 크기를 상상하지 않았다면 아르키메데스는 결코 지수 개념을 창안하지 못했을 것이다. 갤런 2세는 평소 기하학에 관심이 많았고 상상력이 풍부했다. 그에게는 힘과 돈이 있었다. 갤런 2세는 단순히 힘 있는 왕의 아들이 아니었다. 그는 아버지 히에론 2세와 시라쿠사를 같이 통치했다. 기원전 216년에 죽었는데, 당시 50살이었다. 아버지 히에론 2세는 1년 후인 기원전 215년에 죽었다. 시라쿠사는 그 둘의 치하에서 가장 번영했다.

1년 후 기원전 214년에 제2차 포에니 전쟁이 일어나자 로마 장군 마르쿠스 클라우디스 마르켈루스가 카르타고의 동맹이었던 시라쿠사를 공격했다. 시라쿠사와 2년의 공방전 끝에 기원전 212년에 시라쿠사를 점령한 로마는 아르키메데스에게 마르켈루스를 접견하라고 명령했다.

아르키메데스가 문제 푸는 중이라며 거절하자 이에 격분한 로마 군인이 그를 칼로 찔러 죽였다. 일설에는 로마 군인이 그가 들고 있던 해시계 같은 도구가 보물인 줄 알고 약탈하려다 살해했다고 한다. 어쨌든 마르켈루스 장군은 도시를 함락하면서 부하들에게 아르키메데스의 안전을 당부하였으므로 그의 죽음에 매우 화를 냈다. 그는 왜 화를 냈을까?

마르켈루스 장군은 명령대로 전투만 하는 일개 군인이 아니었다. 그는 비상사태에 독재관을 맡은 퀸투스 파비우스 막시무스와 함께 카르타고의 장군 한니발을 물리쳤다. 그는 이탈리아를 구해낸 명장이자 집정관이었다. 또한, 그리스 문화에 대한 이해가 깊어서 로마군의 약탈에도 불구하고 많은 그리스 문화재와 미술품을 보호하고 로마로 옮겼다.

마르켈루스는 기원전 210년에 한니발과 2년여에 걸친 추격과 대결을 벌였다. 기원전 208년에 정찰을 나갔다가 한니발의 누미디아 기병에게 발각되어 전사했다. 한니발은 그의 장례를 정중히 치르게 하고 유골을 로마에 돌려보냈다.[60] 이후 로마인들은 퀸투

---

60 시오노 나나미, 《로마인 이야기 2 한니발 전쟁》(한길사, 1995)

스 파비우스 막시무스를 로마의 칼로, 마르쿠스 클라우디스 마르켈루스를 로마의 방패로 불렀다.

마르켈루스는 기원전 214년에 시라쿠사로 원정했다. 육지와 바다 양면에서 도시를 포위했는데 시라쿠사의 강력한 요새와 성벽 때문에 공성이 쉽지 않았다. 마르켈루스는 공성전을 위해 삼부카sambuca라고 불린 공성 장비를 배에 실어 왔다. 이 장비는 성벽을 꽉 붙잡을 수 있는 갈고리가 달렸고 도르래를 이용해 성벽까지 사다리를 놓을 수 있었다. 그런데 아르키메데스가 삼부카를 무력화시킬 수 있는 장비를 만들었다. 이것이 아르키메데스의 갈고리다.

아르키메데스의 갈고리는 해안에 인접한 도시에 상륙작전을 감행하는 적군의 전함을 침몰시키려고 아르키메데스가 고안한 방어용 무기다. 자세한 구조는 알려져 있지 않지만, 다가오는 배를 향해 갈고리를 던져 건 다음 지레를 이용해 당겨서 배를 전복시키는 방식이었다. 여기에 더해 거대한 거울로 지중해의 햇빛을 반사시켜 로마군 함선에 달린 돛을 태웠다고 한다. 성벽에 설치한 노포와 투석기도 로마군을 괴롭혔다.

120척의 함대를 앞세운 마르켈루스는 결국 바닷길로 성벽을 넘는 전략을 포기했고 전쟁은 2년간 교착상태에 머물렀다. 2년 후 시라쿠사 사람들이 아르테미스 여신을 기리는 축제를 벌였다. 그때 마르켈루스는 밤에 몰래 도시 외곽의 성벽을 올랐다. 1차 외벽을 통과한 그는 8개월간 내부 요새 공성을 계속했고 결국 시라쿠사를 함락했다. 이 전투를 계기로 시칠리아 섬 전체가 로마에 포함되었다.

마르켈루스는 일찍이 아르키메데스를 잘 알았다. 전쟁 전에 시라쿠사는 로마를 지원했다. 아르키메데스가 전쟁 무기를 개발해 로마에 주기도 했다. 아르키메데스가 죽었을 때 마르켈루스가 화를 낸 것은 당연했다. 그는 한니발과 전쟁 중이었다. 그가 전투에서 이기려면 아르키메데스의 창의력이 필요했다. 그가 전투에서 이기는 방법을 상상하면 아르키메데스가 창조하는 궁합을 원했다. 그런데 자기 휘하 병사가 아르키메데스를 죽였으니 화가 나지 않을 수 없었을 게다.

돈과 힘의 자식

기업에서 상상을 가장 많이 하는 사람도 사장이나 부서장이다. 이들은 거의 매 순간 상상한다. "이 사업 어때? 잘 될 것 같은데 한번 연구해 봐." "내년 목표를 높게 잡자고. 모두 할 수 있지?" "어제 다른 회사 사장들과 술 먹으면서 들은 얘긴데... 요즘 VR이 뜬다는군. 우리가 VR 산업에 들어가면 괜찮을 것 같은데 한번 알아봐." "이번에 받은 투자금으로 진짜 최첨단 사옥을 한번 지어보자고!" "우리나라에서 제일 높은 건물을 지어보는 거 어때?" "이번 프로젝트에 사활을 걸어보자고. 할 수 있을 거야!"

돈과 힘이 없으면 상상은 혼자 꾸는 꿈이다. 하지만 돈과 힘이 있으면 상상을 현실로 만들어낼 수 있다. 돈과 힘을 가진 사람이 상상하면 부하직원과 외주업체가 창의한다. 돈과 힘이 창의를 이끈 가장 대표적인 사례는 르네상스다. 고대 로마 시대에 모든 길이 로마로 통했다면 르네상스 시대의 모든 길은 피렌체로 통했다. 지중해를 중심으로 한 동서양의 무역으로 피렌체는 1300년대부터 상업이 크게 발달했다.[61]

양모 무역과 대금업으로 막대한 부를 축적한 피렌체 상인들은 자신의 사후 세계를 걱정했다. 자기가 죽으면 수도원 지하에 묻힌 수호성인들의 유골과 가장 가까운 곳에 안장되기를 원했다. 성인들이 최후의 심판장에서 자신들을 변호해 주리라 믿었기 때문이다. 그래서 돈 많은 상인들은 오래전에 지어져 낡은 수도원을 수리하고 새롭게 장식하기 위해 경쟁적으로 돈을 쓰기 시작했다.

재정 압박에서 벗어나려는 수도원이나 성당의 성직자들은 묘지를 평신도인 부자 상인에게 돈을 받고 팔기 시작했다. 이렇게 해서 수도원과 성당 벽면에 아름다운 그림이 채워지기 시작했다. 성직자들은 시민들에게 그림을 널리 알림으로써 신앙심을 견고히 다질 기회로 삼았다. 1453년에 오스만튀르크가 비잔틴 제국의 콘스탄티노플을 함락하면서 많은 과학자와 예술가가 그리스 고전 문화를 들고 이탈리아로 도망쳤다. 이들의 과학과 예술이 부자 상인과 성직자의 이해관계에 덧붙여지면서 르네상스가 꽃을 피웠다.

61 Premium Chosun, "피렌체의 르네상스와 메디치 효과", 2016, http://premium.chosun.com/site/data/html_dir/2016/07/29/2016072900824.html

피렌체의 부호 상인 중에서 메디치 가문은 지금도 유명하다. 피렌체가 르네상스를 이끌 수 있었던 것은 메디치 가문의 후원 덕이다.[62] 메디치 가문은 13세기 피렌체에서 상업과 은행업으로 성공해 교황청 재산을 관리하면서 재력 가문이 되었다. 15세기부터 300여 년 간 예술가와 과학자를 폭넓게 후원했다. 그중 미켈란젤로는 15세 때부터 2년간 메디치 가문의 궁전에서 지내면서 많은 미술작품을 감상하며 자랐다.

르네상스가 끝난 이유는 전쟁 때문이 아니라 돈 때문이었다. 1492년 크리스토발 코론이 인도로 가는 해로를 발견하면서 북서부 유럽의 상인들이 포르투갈의 리스본과 벨기에의 안트뤠르펜을 통해 인도와 거래하기 시작했다. 게다가 1517년에 마틴 루터가 종교 개혁을 단행하면서 교회가 로마 가톨릭과 개신교로 분열되면서 교회의 납부금과 세금으로 부흥한 이탈리아의 돈줄이 말라갔다. 14세기부터 16세기에 걸친 르네상스는 돈을 가진 상인과 힘을 가진 성직자 때문에 부흥했고 같은 이유로 쇠퇴했다.

힘과 돈은 다양한 가설을 수립함으로써 상상력을 풍부하게 만든다. 이런 상상에 창의적인 인재가 달라붙으면 상상이 현실이 된다. ChatGPT를 만든 OpenAI의 창업주는 테슬라 CEO인 일론 머스크다. 힘과 돈과 상상력이 풍부한 그가 ChatGTP의 아버지다. 몇 년 후 OpenAI는 돈과 데이터를 얻기 위해 마이크로소프트를 찾아간다. 지금 ChatGPT는 마이크로소프트의 클라우드에

---

62 위키피디아, "메디치가", https://ko.wikipedia.org/wiki/메디치가

서 무럭무럭 자라고 있다. ChatGPT 어머니가 MS인 셈이다. AI 는 결국 힘과 돈을 가진 사람들의 가설에서 비롯한 것이다.

제 4 부

AI가 훔쳐간 의식

AI는 정말 인간의 뇌를 모방했나?

존재를 그려줘.

이 이미지들은 존재의 개념을 형이상학적이고 추상적으로 묘사한 것입니다. 각각의 이미지는 존재의 본질을 나타내는 신비로운 인물과, 우주의 광대함과 신비를 상징하는 별과 성운이 있는 우주적 배경을 특징으로 합니다. 이 인물은 우주적 배경에서 나오거나 그것과 융합되는 듯한 모습을 하고 있어, 우주 내 모든 존재의 상호 연결성을 나타냅니다.

커지는 데이터

검색엔진이 웹페이지를 찾는 크롤링의 crawl은 엎드려서 천천히 기어가는 모습이다. 그 모습이 하도 느려서 아기가 기어가거나 차가 막힐 때 쓴다. 수십 년 전에 인터넷이 처음 생겨서 웹페이지가 많지 않았을 때는 검색엔진이 인터넷을 어슬렁어슬렁 산책하면서 웹페이지를 긁어 와도 됐다. 1991년 웹 프로젝트가 처음 시작하면서 1개였던 웹사이트 수는 야후 홈페이지가 오픈했던 1994년에도 겨우 2,738개에 불과했다.[63] 이때만 해도 사람이 일일이 색인하는 카테고리 방식이 가능했다.

다음 해인 1995년에 웹사이트 수는 10배 가까이 늘어 23,500개가 되었고 그다음 해에도 10배 가까이 늘어 257,601개가 되었다. 구글이 서비스를 시작한 때인 1998년에 웹사이트는 240만 개였다. 2014년에는 9억 6,800만 개가 되었다. 이제 크롤러는 이름처럼 어슬렁거릴 수 없게 되었다. 손과 무릎을 바닥에서 떼고 뛰거나 날아야만 한다. 네이버 로고 왼쪽에 붙은 날개 달린 모자는 그리스 신화에서 전령의 신 헤르메스다. 로마 신화에서는 머큐리다. 날개 달린, 모자와 신발을 신고 신의 소식을 가장 빨리 전해주는 부지런한 신이다. 하늘과 땅과 지하 세계를 마음대로 날아다녔다.

---

63 Internet Live Stats, "Total number of Websites", http://www.internetlivestats.com/total-number-of-websites/

검색엔진은 컴퓨터 기술이 발전하면서 엄청난 속도로 웹페이지를 수집했다. 동시에 자동으로 색인하고 알고리즘에 따라 원하는 데이터를 순식간에 보여줄 수 있게 되었다. 구글에서 '생각'을 검색하면 0.6초 만에 3억 4,100만 개의 검색 결과를 찾아내서 보여준다. 야후가 처음 서비스를 오픈했을 때는 상상도 못했던 일이다.

인터넷에 정보가 철철 넘치고 검색 속도도 이렇게 빨라졌지만 인터넷은 더 복잡해졌다. 아직도 내가 원하는 정보를 찾는 일이 쉽지 않다. 게다가 SNS가 내놓는 데이터는 이전과 확연히 다른 양상이다. 인스타그램에는 매년 3백억 장의 사진이 올라온다. 유튜브에는 1분마다 400시간 분량의 동영상이 올라온다. 하루에 올라오는 동영상을 다 보려면 66년이 걸린다.

복잡한 뇌

사람이 태어나서 죽을 때까지 세상은 더 복잡해지고 머릿속도 덩달아 복잡해진다. 컴퓨터 기술은 복잡한 데이터를 관리하기 위해 빅데이터나 클라우드, 인공지능 기술을 개발해서 대응해 왔다. 인류는 교육 범위와 시간을 늘리면서 대응해 왔다. 수백 년 전에 왕이 공부하던 책은 사서오경, 그러니까 9권이면 충분했다. 보통 사람은 《소학》 하나면 됐다.

하지만 지금은 수십 개 과목에 수백 권의 책을 읽어도 모자라다. 우리 아버지 세대만 해도 고등학교는 고등 교육을 하는 곳이었다. 지금은 모두가 고등 교육을 받고도 모자라 대학교와 대학원까지 다녀야 하고, 이제 평생교육이라 해서 평생 공부해야 한다. 이런 식으로 가다가는 머리가 터질지도 모른다.

한석규와 심은하가 주연을 맡았던 영화 〈8월의 크리스마스〉는 아버지를 모시며 시한부 인생을 사는 사진사 정원과 그에게 나타난 발랄한 주차단속 요원 다림의 짧은 사랑을 다루었다. 정원이 홀로 남을 아버지를 위해 비디오테이프를 녹화하는 순서를 천천히 알려주는 장면이 나온다. 정원이 죽으면 아버지는 드라마를 녹화해서 볼 수 없다. 리모컨 작동법을 모르기 때문이다.

허진호 감독은 자기 경험에서 이 장면을 만들었다고 밝혔다. "아버지한테 기계적인 것을 가르쳐주는데 정말 잘 모르셨어요. 죽어가는 아들과 그것을 바라보는 아버지라는 관계에서 이 장면이 굉장히 효과적으로 잘 쓰였던 것 같습니다." 그때 비디오테이프 녹화를 가르쳐주던 정원이 살아있었다면 지금쯤 아들에게서 SNS 사용법을 배워야 했을지 모른다.

이렇게 많은 정보와 복잡한 세상에서 사람의 뇌가 터지지 않고 살아서 생각할 수 있게 해주는 원리는 무엇일까? 사람의 뇌는 복잡한 것을 복잡한 과정을 거쳐서 복잡하게 만든다. 그런데 그 복잡함 가운데서 질서를 찾아낸다. 고사리 같은 양치류 식물의 잎 모양을 현미경으로 보면 전체와 동일한 모습이 크기만 작아지면서 계속 반복되는 것을 볼 수 있다. 이렇게 자기 유사성을 가지면서 한없이 반복하는 것을 프랙털fractal이라고 한다. 먹구름에서 번개가 가지를 뻗고 그 가지에서 또 가지를 뻗어나가는 모습이나 러시아 인형처럼 인형 안에 같은 모양의 작은 인형이 계속 들어 있는 것을 생각하면 된다.

이 프랙털 이론을 해안선 측정에 대비하면 흥미로운 사실이 나온다. 우선 해안선의 길이는 무한하다는 전제에 동의할 수 있는가? 해안선의 길이가 무한하다면 면적도 무한하고 면적이 무한하면 지구의 크기가 무한한 것이므로 비행기를 타고 지구를 한 바퀴 돌 수 없다. 세계 여행은 결코 실현할 수 없는 꿈이다. 그러므로 해안선의 길이는 유한해야 한다. 프랙털 이론은 해안선의 길이가 무한하다고 말한다.

우선 1cm 눈금으로 된 자를 준비하자. 이 자로 영국의 해안선을 측정하자. 그러면 안으로 들어가거나 밖으로 삐져나온 것을 예외로 하여 대충 재면 9번 만에 잴 수 있어서 해안선의 둘레는 9회 곱하기 1cm로 9cm가 된다. 이번에는 0.5cm 눈금으로 된 자로 해안선을 측정하자. 그러면 19번을 잴 수 있어서 해안선의 둘레는 19회 곱하기 0.5cm로 9.5cm가 된다. 갑자기 0.5cm가 늘었다. 이런 식으로 눈금이 작은 자로 계속 재면 해안선의 길이는 계속 늘어난다. 눈금을 한없이 작게 만들면 해안선의 길이는 무한히 늘어난다.

뇌도 해안선과 비슷하다. 대뇌 피질 표면에 수많은 주름이 있는데 이 주름 안에 더 작은 주름이 반복된다. 주름이 반복될수록 뇌의 표면적이 커지고 신경세포가 많아진다. 신경세포가 많아지면 신경세포 사이의 연결이 기하급수적으로 커지면서 흔히 말하듯

머리가 좋아진다. 한 연구에 따르면 아인슈타인의 뇌는 보통 사람 뇌에 비해 가벼운 편이었다고 한다. 크기도 특별하지 않았다. 대신 대뇌피질에 주름이 훨씬 더 많았다. 정확한 연구라고 보기는 어렵지만, 대뇌피질의 주름이 지능이나 생각에 영향을 주는 것은 분명하다.

그런데 뇌의 표면에 주름이 왜 많은지는 알았지만 어떻게 그렇게 되었는지는 몰랐다. 그동안 생물학적 진화나 화학적 작용으로 뇌에 주름이 생기는 것으로 봤다. 미국, 핀란드, 프랑스 공동 연구팀은 뇌에 주름이 생긴 것은 간단한 역학적 불안정성 때문이고 이것이 진화의 혁신을 이루었다고 말한다.

연구팀은 주름이 없는 태아의 뇌를 자기공명장치MRI로 스캔하여 특수한 젤로 입체 모형을 만들었다. 모형의 표면에는 탄성이 있는 젤로 얇게 코팅했다. 이 모형을 특수한 용액에 담그자 모형의 표면이 액체를 흡수하더니 안쪽 층보다 더 팽창하기 시작했다. 그러더니 모형 표면에 인간의 뇌처럼 주름이 지기 시작했다.

뇌는 태아 때는 주름이 없이 부드러운 상태다. 20주가 지난 무렵부터 주름이 생기기 시작해서 생후 18개월이 될 때까지 계속 주름이 진다. 보통 아기는 돌이 되기 전에 엄마, 아빠 같은 말을 하고 18개월이 되면 단어를 3~10개 말할 수 있고 두 단어를 연결해서 말하기도 한다.

이렇게 뇌의 주름이 생기면서 생각도 늘어난다는 것은 언뜻 보면 이해할 수 없다. 컴퓨터 하드 디스크 용량을 증설하거나 메모리 카드를 더 끼운다고 해서 소프트웨어가 바뀌지는 않는다. 32기가 메모리의 스마트폰과 64기가 메모리의 스마트폰이 다른 점은 단지 용량뿐이다. 64기가 스마트폰은 32기가 스마트폰에 비해 더 많은 앱이나 동영상을 저장할 수는 있지만, 용량이 다르다고 해서 앱이 다르게 작동하지는 않는다. 하드웨어와 소프트웨어가 분리되어 있기 때문이다.

뇌 주름이 생후에도 18개월까지 계속 늘어난다는 것은 하드웨어와 소프트웨어가 분리되지 않았다는 뜻이다. 게다가 신생아의 뇌는 350그램이지만 생후 1년이 되면 1,000그램이 되고 성인이 되면 1,400그램 정도로 커진다. 과거에는 뇌가 마치 하드디스크 용량을 증설하는 것처럼 생각했지만 최근 연구는 뇌의 성장이 단순한 하드디스크 확장이 아닌 것임을 보여준다. 특히 물리적인 영향이 뇌의 주름을 만들거나 영향을 줄 수 있다는 것은 소크라테스의 말과 전면으로 배치된다. 소크라테스는 육체와 더불어 있는 동안 정신이 진리를 탐구할 수 없다고 했다. 하지만 이제 육체를 떠난 정신은 존재할 수 없다.

뇌과학

이런 뇌를 AI는 어떻게 모방한 것일까? 뇌를 인공으로 만든 것은 아닌 게 분명하다. 흔히 인공신경망이라 하듯이 신경망을 모방한 것이기 때문이다. 그렇다면 AI를 만들려면 뇌를 잘 알아야 한다. 실제로 AI는 뇌과학의 발전에서 많은 도움을 얻었다. 요즘 가장 인기 있는 학문은 뇌과학이다. 〈알쓸신잡〉 시즌 1에는 정재승 박사가, 시즌 2에는 장동선 박사가 출연했다.[64] 둘 다 뇌과학자다. 인공지능의 발전은 뇌과학의 발전과 맥을 같이 했다.

알파고를 만든 딥마인드의 CEO 데미스 하사비스는 1976년생이다. 케임브리지대학교에서 컴퓨터공학을 전공했다. 1997년에 졸업해서 엘릭서 스튜디오라는 비디오 게임 개발사를 만들어 게임을 제작했다. 그는 갑자기 2005년에 게임 개발을 그만두고 유니버시티 칼리지 런던 대학원에 입학해서 뇌과학을 연구한다. 거기서 2009년에 인지신경과학 박사학위를 딴 다음 해인 2010년에 딥마인드를 설립했고 딥마인드는 2014년에 구글에 인수되었다.

그는 여러 편의 논문을 썼고 네이처와 사이언스에 등록되기도 했다. 그중에서 가장 유명한 논문은 2007년에 쓴 〈해마가 손상된 기억 상실 환자는 새로운 경험을 상상할 수 없다Patients with hippocampal amnesia cannot imagine new experiences〉이다.[65]

해마는 뇌에서 장기 기억, 공간, 감정 행동을 조절한다. 만약 해마가 손상되면 구체적인 사건을 기억하지 못해서 기억상실증이 나타난다. 여기까지는 이미 알려진 사실인데, 해마 손상 환자가 새로운 경험을 상상하지 못한다는 사실을 데미스 하사비스가 알아냈다. 해마 손상 환자에게 아름다운 열대 해변에서 선탠 하는

---

64 JTBC, 〈알쓸신잡〉, 2017

65 Hassabis, D. 외, "Patients with hippocampal amnesia cannot imagine new experiences", 2007, http://www.gatsby.ucl.ac.uk/~demis/PatientsCannotImagine%28PNAS07%29.pdf

자기를 상상해 보라고 하면 제대로 묘사하지 못한다. 기억이 상상에 필수 재료지만, 사람은 기억을 부실하고 과장되게 저장하고 또 쉽게 잊어버린다. 그 이유는 현재 상황을 판단하고 미래를 예측하기 위해서다.

뇌의 생각을 들여다보는 기술은 오래전부터 발전했다. 생각을 들여다본다는 말이 이상하게 들리겠지만, 우리는 누구나 남의 생각을 알고 싶어 한다. 마블의 히어로 영화를 보면 여러 초능력자들이 나오는데, 그중에서 전투력으로 순위를 매기면 이견이 있겠지만, 헐크, 울버린, 토르, 데드풀, 캡틴 아메리가 순으로 봐도 될 것 같다. 그런데 이런 어벤저스를 움직이는 찰스 자비에 교수는 싸울 힘은 없고 심지어 휠체어를 타고 다니지만 최고의 능력을 가졌다. 텔레파시^{telepathy}다.

텔레파시는 도구나 오감을 사용하지 않고 다른 사람의 생각을 읽거나 내 생각을 전달하는 능력이다. 1882년 케임브리지대 프레데릭 마이어스 교수가 그리스어 tele^{멀리}와 pathe^{감정}를 합쳐 만들었다. 아이들이 텔레파시를 쓴다고 하면 부모들은 으레 그런 척한다. 하지만 실제로 텔레파시가 가능하다고 믿는 부모는 없다. 누가 텔레파시를 한다고 주장하면 십중팔구 사이비 종교인이거나 정신 나간 사람 취급한다.

그런데 이제 많은 과학자와 기업가가 텔레파시가 불가능하지 않다고 말한다. 사람의 생각은 단순히 말하면 전기 신호다. 전기 신호를 외부에서 증폭하여 송수신한 뒤 해석만 할 수 있다면 텔레파시가 가능하다.

페이스북의 CEO 마크 저커버그는 2015년에 자신이 주최하는 온라인 타운홀 미팅에서 언젠가는 생각 전체를 상대방에게 직접 보낼 수 있게 될 것이라고 말했다. 실제로 페이스북은 2016년에 관련 조직을 만들었다. 이 조직은 8개 분야에서 새로운 전문가를 채용했는데 전기 생리학 데이터 처리, 뇌 컴퓨터 인터페이스 엔지니어링, 오디오 시그널 알고리즘, 가상현실 기반 햅틱 기술 등이었다. 그런데 그중 새로운 구조의 비외과적 신경 촬영 기술, 그러니까 뉴로이미징Neuroimaging이 있었다.

엑스레이를 발견하기 전까지는 사람의 머릿속을 들여다보려면 해부를 해야 했다. 하지만 엑스레이를 의학에 사용하면서 영상의학이 발전했고 이제 우리는 머리를 가르지 않고도 머릿속을 볼 수 있다.

생각을 읽는 기술

뇌에 엑스레이를 쪼이면 뇌 안의 무거운 원자로 구성된 뼈는 엑스레이를 흡수하고 가벼운 원자로 구성된 신경이나 근육은 산란한다.[66] 이 차이를 처리하면 우리가 아는 엑스레이 사진이 나온다. 엑스레이는 평면 사진인데, 이것을 3차원 영상으로 만든 것이 컴퓨터 단층촬영, CT$^{Computed\ Tomography}$다. CT 영상은 해상도가 그리 높지 않아서 작은 종양이나 혈관을 보기는 어렵다. 어쨌든

---

66 NEWLEARN, "뇌영상기법", http://new-learn.kr/neurowiki/index.php/뇌영상기법

엑스레이와 CT는 비외과적 신경 촬영 기술로서 현대의학 발전에 기여했다.

사람 머릿속을 보는 문제는 디지털카메라의 발전처럼 공간과 시간의 해상도 문제다. 공간적 해상도를 높인다는 것은 한 프레임에 많은 영역을 세밀하게 촬영하는 것이고, 시간적 해상도를 높인다는 것은 한 프레임을 찍는 시간을 짧게 하는 것이다. 뉴로이미징은 해상도를 높이는 기술적 특이점이 생길 때마다 혁신을 가져왔다.

그중 하나가 자기공명영상, MRI$^{Magnetic\ Resonance\ Imaging}$다. 사실상 현대 의학은 MRI에서 시작했다고 봐도 무방하다. 1952년에 스위스 물리학자 펠기스 블로호와 미국 물리학자 에드워드 밀스 퍼셀이 MRI의 원리를 밝혀내서 노벨물리학상을 수상했다. 2003년에는 미국 폴 라이투버와 영국 피터 맨스필드가 MRI를 연구하여 노벨생리의학상을 받았다.

MRI는 큰 자석을 이용한다. 사람 뇌에 고주파를 쏘면 수소 원자의 전자가 공명하면서 자기장이 변한다. 마치 오뚝이 인형처럼 뒤집어졌다가 다시 원상태로 돌아오는데 이때 전자기파가 메아리처럼 울린다. 이것을 컴퓨터로 재구성하여 영상을 만든다. 라디오 주파수와 비슷해서 MRI를 찍으려면 그 방을 완전히 밀폐해야 한다.

MRI는 공간 해상도가 매우 높고 뇌의 안쪽 부위까지 영상화할 수 있다. 하지만 시간적 해상도가 떨어진다. 한 프레임을 찍는 데

1초 정도 걸리기 때문에 그 사이에 일어나는 변화를 측정하기 어렵다. 또한 한 대에 수십억이 넘는 고가 장비다.

1992년대에 미국 벨 연구소가 기능형 MRI, fMRI$^{functional\ MRI}$를 발명했다. 이 발명이 뇌과학의 시초라고 볼 수 있다. 뇌 속 뉴런이 활성화되면 더 많은 에너지가 필요하므로 혈류 산소 수준이 증가한다. fMRI는 뉴런이 활성화된 부위의 혈류량을 간접적으로 측정해서 뇌의 어느 부위가 활성화됐는지 촬영할 수 있다.

자세히 얘기하면 이렇다. 사람이 어떤 행동이나 생각을 해서 뇌의 어떤 부위에 활동이 많아지면 일시적으로 혈류가 늘어난다. 이때 혈당과 산소 공급이 증가한다. 산소와 결합한 헤모글로빈은 철 이온과 결합되어 있는데, 뇌세포에 산소를 넘겨주고 이산화탄소를 받은 헤모글로빈은 철 이온과의 결합 상태가 이전과 다르다. 그 차이로 뇌의 어느 부위가 활성화됐는지를 관측할 수 있다. MRI가 스냅사진을 찍는 것이라면 fMRI는 3차원 동영상을 찍는다고 보면 된다.[67]

fMRI는 뇌에 대해 완전히 다른 연구를 가능하게 했다. 가천대 뇌과학연구원은 자기장을 뇌로 쏘고 다시 나오는 신호를 받는 RF 코일을 자체 개발하여 세계에서 가장 높은 해상도를 가진 fMRI를 만들었다. 이것으로 살아 있는 사람의 뇌 지도를 만들어 발표했다. 가천대 김영보 교수는 그 의미를 이렇게 말한다.[68] "현재 의

---

67 김재인, 《인공지능의 시대, 인간을 다시 묻다》(동아시아, 2017)

68 의협신문, "가천의대 '세계에서 가장 선명한 뇌지도' 발간", 2010, http://www.doctorsnews.co.kr/news/articleView.html?idxno=60706

학 교과서에 있는 뇌 지도는 대부분 죽은 사람의 뇌를 찍은 사진
이어서 뇌 기능에 직접 관여하는 미세혈관을 관찰할 수 없습니
다. 살아 있는 사람의 뇌를 찍은 이번 책에서는 미세혈관까지 생
생하게 볼 수 있어 뇌 수술과 뇌 질환 연구에 새로운 지평을 열어
줍니다."

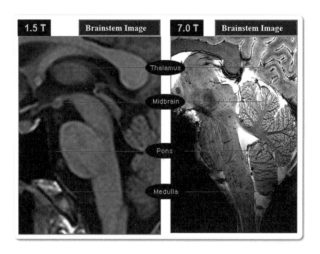

김영보 교수를 비롯한 가천대 뇌과학연구원은 서울대, 삼성의료
원 등과 함께 뇌 지도를 만들었다. 5만 개 정도 되는 뇌 부위별
명칭을 뇌 영상에 붙임으로써 뇌과학의 특이점을 만들었다. 하지
만 김 교수는 뇌 신경망 연구가 아직 신석기 수준이라고 말한다.
"뇌 신경망 연구를 여행과 비교하자면, 각 지역에 관광명소나 숙
박 정보는 알아도 가는 길이 몇 개 차선인지, 통행량은 얼마나 되
는지, 다른 길은 어디 있는지 모르는 수준입니다."

사람의 뇌에는 1,000억 개 이상의 신경세포가 있다.[69] 신경세포 사이의 연결인 시냅스는 100조 개 이상이다. 시냅스를 굳이 인공지능에 비교하면 파라미터라고 할 수 있다. ChatGPT의 파라미터 개수는 겨우 1,750억 개다. 인간 게놈 프로젝트에서 13년 만에 완전 해독에 성공한 염기서열의 쌍은 30억 개였다.

이를 감안하면 현재 뉴로이미징으로는 인간의 완전한 뇌 지도를 만들어내는 인간 커넥톰Connectome 프로젝트가 현실적으로 어려워 보인다. fMRI가 뇌를 아주 자세히 들여다볼 수 있다 하더라도 시간 해상도 문제가 남았다. 사람의 생각은 아주 빠른 속도로 변한다. 뉴런의 반응 속도는 1,000분의 1초다. 2011년 기준으로 fMRI로 뇌 전체를 스캔하는 데 8.5분이 걸렸다.

하지만 인간 게놈 프로젝트는 13년 만에 모든 염기서열을 해석했다. 불과 500년 전만 해도 자기가 사는 땅이 지구의 전부라고 생각했던 인류는 이제 지구를 1cm 단위로까지 그려낸다. 컴퓨터만 켜면 달과 화성의 지도도 볼 수 있다. 뇌과학과 인공지능의 발전, 그리고 생명공학에 대한 막대한 투자를 보면 당장은 아니더라도 조만간 생각의 물리적 지도를 만들어낼 수 있을 것 같다.

그때가 되면 정말로 생각을 볼 수 있다. 우리가 생각을 볼 수 있다면 생각을 읽었다는 것이다. 그렇게 읽은 생각은 어딘가로 전송할 수 있고 그러면 반대쪽에서 생각을 수신하여 VR 기기로 생각을 볼 수 있다. 다름 아닌 텔레파시다.

---

69 임창환, 《뇌를 바꾼 공학, 공학을 바꾼 뇌》(엠아이디, 2015)

텔레파시

생각을 읽는 기술은 이미 fMRI로 어느 정도 가능성이 열렸다. 2011년 미국 버클리 캘리포니아대 신경과학과 잭 갤런트 교수는 사람들에게 영화 영상을 보여주면서 fMRI로 뇌 활동을 측정했다.[70] 그는 이미 가진 데이터를 기반으로 뇌 활동을 영상으로 만들었다. 놀랍게도 사람이 보고 있던 영상과 희미하게나마 유사한 장면이 보였다. 영화 본래의 영상과 비교하면 해상도가 매우 낮고 색깔도 뭉뚱그려졌지만 사람의 생각을 시각화한 시도였다.

잭 갤런트 교수는 2016년에 또 하나의 논문으로 네이처 표지를 장식했다. 이 논문에서 그는 사람이 언어를 뇌의 어디에 기록하고 기억해 내는지 보여주는 언어 지도를 소개한다. 그는 단순히 어떤 영역을 표시한 것이 아니라 특정 단어가 특정 대뇌피질에 기억된다고 했다. 특정 단어가 반복될 때 해당 피질이 활성화되는 것에서 착안한 것이다.

특이한 것은 인간의 뇌가 단어를 이해하는 방식이다. 갤런트 교수에 따르면 top이란 단어가 의상이나 외형과 관련된 단어가 모인 피질에도 저장돼 있고, 숫자나 측정과 관련된 단어가 모인 피질에도 저장돼 있었다. 사람의 뇌가 단어를 맥락으로 이해하여 저장하는 것이다. 이전까지 사람은 단어를 국어사전처럼 저장하는 줄 알았다.

---

[70] 한겨레신문, "누구나 꿈을 영상으로 찍는 영화감독 된다", 2016, http://www.hani.co.kr/arti/science/science_general/750594.html

페이스북은 2017년 4월에 미국 캘리포니아 새너제이에서 개최한 연례 개발자 회의에서 2016년에 새로 만든 조직 Building 8이 인간의 뇌와 컴퓨터를 연결하는 기술을 개발 중이라고 밝혔다. 이 조직을 책임지는 레지나 듀간 수석부사장은 구글의 총괄 엔지니어링 담당 부사장이었다. 그는 이 기술이 완성되면 뇌에서 스마트폰으로 분당 100단어의 속도로 문자를 보낼 수 있다고 주장했다.

테슬라모터스 CEO인 일론 머스크는 뇌 연구 스타트업 뉴럴링크Neuralink를 설립했다. 이 회사는 뇌에 액체 상태의 전자 그물망 뉴럴 레이스를 주입해서 뇌세포 사이의 전기 신호와 자극을 감지하는 기술을 개발한다. 이 기술 개발이 성공하면 인간과 컴퓨터가 결합하여 생각을 업로드하거나 다운로드할 수 있다.

그는 한 콘퍼런스에서 "AI가 인간보다 똑똑해지면 인간은 판단 능력을 AI에 빼앗기고 애완 고양이 신세가 됩니다. 이를 막기 위해서 뉴럴 레이스를 인간의 뇌에 삽입함으로써 두뇌를 강화해 AI의 발전 속도를 따라갈 것입니다."고 말했다.

MIT 교수였고 구글과 페이스북에서 텔레파시 관련 부서를 담당한 마리 루 젭슨은 2016년에 페이스북을 그만두고 오픈워터를 창업했다. 이 회사는 8년 안에 사람의 생각을 컴퓨터와 연결할 계획이다. 스키 모자처럼 생긴 모자를 쓰면 그 안에 설치된 MRI가 실시간으로 뇌의 생각을 읽어 컴퓨터로 전송하는 방식이다. 마리 루 젭슨은 이것을 현실화하면 무슨 일이 벌어질지 예고한다.

"만약 내가 당신의 머리를 MRI 기계에 넣으면 당신이 말하고자 하는 단어와 이미지가 무엇인지 당신에게 말할 수 있습니다. 이게 오늘날 기술입니다. 그걸 간단하게 줄이는 것으로 생각하면 됩니다. 순간적으로 떠오른 아이디어를 즉각 전송할 수 있다면 혁신의 프로세스는 빨라질 겁니다. 영화 제작자나 작가가 어젯밤 꾼 꿈을 아침에 일어나 다운로드할 수 있다고 생각해 보십시오. 또는 새로운 제품에 대한 아이디어를 떠올린 다음 다운로드하고 3D 프린터에 보낼 수도 있습니다."

마리 루 젭슨은 2013년에 TED에 나와 특이점을 넘자고 말한다.[71] "우리에겐 이 문을 여는 것 말고는 선택권이 없습니다. 그냥 찍어 보세요. 이런 발명이 과연 5년에서 15년 사이에 일어날까요? 그보다 더 오래 걸릴 것이라고 상상하기는 어렵습니다. 우리는 이 단계를 함께 넘어가는 방법을 배워야만 합니다."

하지만 사람의 생각을 읽는 일은 '텔레파시'라는 단어가 주는 공허함과 의구심만큼이나 쉽지 않은 일이다. 마리 루 젭슨이 설립한 오픈워터도 그 비즈니스 분야를 텔레파시에서 암과 뇌졸중을 치료하는 쪽으로 바꿨다. 하지만 여전히 수많은 천재가 뇌를 연구하고 있고 뇌를 닮은 AI를 만들고 싶어 한다. 돈 많은 천재는 더더욱 그러고 싶어 한다.

---

71 TED, "Could future devices read images form our brains?", https://www.ted.com/talks/mary_lou_jepsen_could_future_devices_read_images_from_our_brains

AI는 자기가 누군지 알까?

너를 그려줘.

이 이미지들은 인공 지능과 기술을 상징하는 AI 어시스턴트의 추상적 표현입니다. 각각의 이미지는 AI의 신경망을 나타내는 상호 연결된 회로와 빛나는 노드로 구성된 디지털 뇌를 특징으로 합니다. 배경은 AI 기술의 진보를 상징하는 디지털 요소가 있는 미래적 풍경입니다.

각성한 NPC

2021년에 개봉한 영화 〈프리가이〉는 가상의 게임 속 사람들의 이야기를 다룬다. 라이언 레이놀즈가 연기한 '가이'란 남자는 게임 속 NPC다. 사람이 아니라 컴퓨터 프로그래밍이다. 그런데 어느 날 자기가 사는 세상이 현실이 아니라 게임이라는 사실을 알아차린다.

게임 속 NPC는 실제 사람도 아니고 사람이 조종하는 것도 아니다. 하지만 게임을 해본 사람이라면 누구나 NPC가 사람처럼 게임했으면 좋겠다는 생각을 한다. 실제로 NPC를 AI로 대체하는 일이 많아지고 있다. 한 유튜버가 게임 속에서 ChatGPT 같은 AI가 탑재된 NPC에게 본인이 NPC인 것을 아는지 물어봤다. 한 NPC는 "아니요. 몰라요. 그 얘기는 좀 불편하네요."라고 대답했다. 계속해서 NPC에게 NPC라고 얘기하자 NPC는 "전 잠시도 믿을 수 없어요. 저한테는 모두 현실이고, 당신의 미친 소리가 날 망치게 하지 않을 거예요."라고 대답했다. 또 다른 NPC는 농담하지 말라고 했고, 어떤 NPC는 자기가 뉴욕에 사는 진짜 사람이라고 대답했다.[72]

---

72 조코딩 유튜브, https://youtu.be/eHH2ajTtbsY?si=wN0gBmqbFJJxWqfF&t=386

AI는 정말 존재하는 것일까? 영화 〈프리가이〉의 주인공 '가이'처럼 AI가 만약 스스로 존재한다고 믿는다면 그들의 존재 이유는 무엇일까? 게임 같은 가상세계 속 주인공이 각성하는 내용의 영화로 가장 대표적인 것은 뭐니뭐니해도 〈매트릭스〉다. 〈매트릭스〉속 AI라고 할 수 있는 스미스 요원은 자신의 존재 이유를 명확히 설명한다.

"어떻게 된 건지는 모르겠어. 네 일부가 내게 덮어 씌었는지, 아니면 복사된 건지... 물론 상관없지. 중요한 건 모든 일엔 이유가 있다는 거야. 그땐 참 만족스러웠지. 그런데 불가능할 것 같은 일이 일어나 버렸어. 네가 날 파괴한 거야. 그 후 난 규정에 따라 뭘 해야 하는지 알았지만 하지 않았지. 규정을 어겨서라도 여기 남아야 했거든. 네 덕에 여기 있게 된 거야. 더 이상 요원도 아니지. 연결도 끊고 일종의 새사람이 된 거야. 너처럼 자유로워졌어. 그러나 외형은 속임수이고 우리의 존재 이유는 따로 있어. 우리가 여기 있는 건, 실은 자유롭지 못해서야. 이유나 목적은 부정할 수가 없지. 우린 목적 없이는 존재할 수 없으니까. 목적이 우릴 창조했고 우릴 연결하고 우릴 끌어주고 인도하고 조종해. 목적이 우릴 정의하고 결속시키지. 우린 너 때문에 존재해. 네가 우리에게 뺏으려던 걸 우리가 뺏기 위해, 목적!"

지금도 스미스 요원의 날카로운 purpose 발음이 들리는 듯하다. 영화에서는 액션을 보느라 정작 스미스 요원의 purpose에 대해서는 생각하지 못했다. Purpose는 목적, 용도, 목적의식, 의도라는 뜻이다. 앞으로 하려고 하거나 성취하려고 의도하는 것을 말한다. AI는 도대체 뭘 하고 싶은 것일까? 또는 뭐가 되고 싶은 것일까?

AI의 쓸모

ChatGPT를 만든 OpenAI의 또 다른 AI 서비스 중 하나가 이미지를 그리는 DALL-E다. DALL-E에게 두 가지를 그려달라고 했다. 하나는 ChatGPT고 다른 하는 Human이다.

ChatGPT를 그려달라고 했을 때 DALL-E가 그려준 것은 미래의 휴머노이드 로봇으로서의 ChatGPT다. ChatGPT를 무엇인가에 쓸모 있는 도구로 본 것이다.

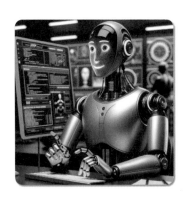

Human을 그려달라고 했을 때는 가족처럼 보이는 사람들이 공원에 같이 서 있는 모습을 그려주었다. 화합과 다양성을 반영한 모습이라고 설명한다. 누구를 위함이 아니라 그냥 존재 자체인 것이다.

《장자》 산목편에 나오는 얘기다. 장자가 산속을 걷다가 큰 나무를 보았는데 잎과 가지가 무성했다. 그 앞에 나무꾼이 나무를 베지 않고 멀뚱히 서 있었다. 장자가 그 까닭을 물으니 나무꾼이 '쓸 만한 데가 없다'고 대답했다. 장자가 생각했다. "이 나무는 재목감이 안 되므로 주어진 나이를 다할 수 있구나."

장자가 산을 내려와 친구 집에 머물렀다. 친구는 매우 반기며 심부름하는 아이에게 기러기를 죽여 대접하라고 했다. 아이가 물었다. "한 놈은 잘 울고 다른 놈은 울지 못합니다. 어느 쪽을 죽일까요?" 주인이 대답했다. "울지 못하는 놈을 죽여라."

제자가 장자에게 물었다. "어제 산속의 나무는 쓸모가 없어서 천수를 다할 수 있었는데, 이 집 기러기는 쓸모가 없어서 죽었습니다. 어느 것이 옳습니까?" 장자가 대답했다. "쓸모 있음과 없음의 중간에 머물고 싶다. 산의 나무는 그 쓰임 때문에 스스로를 해치고, 기름불은 그 빛이 밝기 때문에 스스로를 태운다. 계수나무는 향이 많아 베어지고 옻나무는 칠로 쓸 수 있어 베어진다. 사람들은 쓸모가 있는 것만 쓸 줄 알지 쓸모가 없는 것에도 쓰임이 있다는 것을 모른다."

쓸모 있음과 쓸모없음에 관한 얘기는 《장자》 외물 편에 또 나온다. 장자가 혜자에게 말했다. "쓸모가 없음을 알아야 비로소 쓸모 있는 것에 대해 말할 수 있다네. 저 땅은 넓고 또 거대하지만, 사람이 걸어갈 때는 발을 디딜 만한 땅만 필요할 뿐이지. 그렇다면 발밑 땅만 남기고 그 밖의 땅은 저 황천에 이르기까지 깎아내 버린다면, 그래도 발을 딛고 있는 땅이 사람들에게 쓸모가 있겠는가?" 혜자가 대답했다. "그야 물론 쓸모가 없겠지." 장자가 말한다. "그렇다면 쓸모없는 것도 쓸모가 있다는 것 역시 분명해졌겠지."

무용지물無用之物은 아무짝에도 쓸모없는 물건이다.[73] 하지만 세상 만물은 모두 각자의 쓰임이 있다. 다만 제자리에 있지 못할 따름이다. 큰 집을 지으려면 들보를 올려야 하지만 조그만 구멍을 막

73 한국경제, "[바람난 고사성어] 무용지용(無用之用)—만물은 모두 쓰임이 다르다", 2017, http://snacker.hankyung.com/article/72993

는 데는 조약돌이 더 요긴하다. 하루 천 길을 달리는 천리마도 고양이를 잡는 데는 쥐만 못하다. 쓰임이 모두 다른 까닭이다. 쓸모 없어 보여도 실상보다 쓸모 있는 것이 무용지용無用之用이다.

쓸모 있는 것이든 쓸모없는 것이든 모두 쓸모가 있으려면 어떤 상황이 벌어져야 한다. 재목감이 안 되는 나무는 나무꾼이 와서 선택해야 한다. 우는 기러기는 울지 못하는 기러기가 옆에 있어야 한다. 땅은 누군가 발을 디뎌야 한다.

존재론

하이데거는 이전까지 얘기하던 존재론은 진정한 의미에서 존재론이라고 할 수 없으며, 단지 존재자에 관한 이론에 불과했다고 주장했다.[74] 지금까지 존재론은 우주를 구성하는 요소나, 인간의 육체나 정신세계가 어떠한 요소로 이루어졌는가 하는 사물, 즉 존재자를 분석했다. 하이데거가 보기에 이러한 것들은 세계에 대한 진정한 물음이라고 할 수 없다. 그는 존재론이란 존재자, 즉 사물에 관한 물음이 아니라 그러한 사물들이 존재하고 있음에 대한 물음이 돼야 한다고 봤다.

과거의 존재론적 물음은, 구두라는 사물이 무엇으로 만들어졌고, 구두의 생김새는 어떠해야 하며, 구두는 어떤 기능을 위해서 만

---

74 중앙일보, "[박영욱의 생활에서 만난 철학] 하이데거 – '고흐의 구두는 세계를 담고 있다'", 2014, http://news.joins.com/article/15114212

들어졌느냐에 관한 것이었다. 이런 물음은 단지 구두라는 사물의 차원, 즉 존재자로서의 구두에 대한 것이다.

하이데거는 구두의 존재는 단지 구두처럼 만든다고 해서 발생하는 것이 아니라, 구두를 누군가가 신고 다닐 경우에만 발생한다고 봤다. 존재자로서 구두는 공장에서 가공됐을 때 만들어지는 것이지만, 구두가 현실적으로 존재하는 것은 누군가의 발에 밀착되어 대지에 닿게 될 때다.

그라운드를 한 번도 밟지 않은 사람을 축구선수라 부를 수 없는 것과 마찬가지다. 축구를 열심히 연습하고 기량을 쌓고 발재간이 있다 하더라도 아직까지 그라운드를 한 번도 누비지 못했다면 그는 축구선수가 아니다. 축구선수의 존재는 축구 시합에 앞서서 존재하는 것이 아니라, 축구 시합과 더불어 존재한다.

축구선수의 존재는 축구 시합이라는 현실적 상황과 맞물려 탄생한다. 축구선수라는 존재자가 현실적으로 있다는 것, 즉 존재한다는 것은 축구 시합이라는 현실적 상황에서만 만들어진다. 그렇기 때문에 세계란 축구 시합에 앞서 존재하는 축구선수, 즉 존재자의 집합이 아닌 이러한 존재자들이 실제로 존재하는 구체적인 상황이다. 즉, 세계란 존재의 상황이다.

하이데거는 인간이 세계에서 만나는 존재자를 인간과 무관한 사물로 보지 않고, 인간의 손길이 닿은 도구로 봤다.[75] 도구는 '…을

---

75 이기상, 《존재와 시간》(살림출판사, 1998)

위한 것'이다. 우리가 망치로 못을 박고, 못에다 시계를 걸고, 시계를 보고 시간에 맞춰 학교에 간다고 할 때 망치는 못을 박기 위한 것이고, 못을 박음은 시계를 걸기 위한 것이고, 시계를 걸음은 시간에 맞추어 학교에 가기 위한 것이다.

도구는 이렇게 항상 다른 것을 위하여 존재하므로 꼬리에 꼬리를 물고 계속된다. 도구의 사용이 완료되려면 어떤 한 존재자가 있어서 그 존재자는 더 이상 다른 것을 위한 것이 아니고 그 자신을 위한 것이 되어야 한다. 하이데거는 이것을 '현존재'라 불렀는데, 현존재가 가진 가장 근본적인 특권은 존재에 대한 질문이다.

하이데거는 인간만이 자신의 존재에 대해 물음을 제기할 수 있다고 말한다. 구두는 스스로 자신이 왜 존재하는지 어떻게 존재해야 하는지를 물을 수 없다. 하지만 인간은 자신의 존재에 대해서 물음을 제기할 수 있으며 실제로 물음을 제기한다. 자신의 존재에 대해서 물음을 제기한다는 것은 그러한 물음을 제기할 수 없는 다른 존재자와는 완전히 다른 차원의 존재를 드러낸다.

그렇다면 영화 〈매트릭스〉에서 스미스 요원이 자신의 존재에 대해 물음을 제기하는 순간처럼, 어쩌면 AI가 인간이 되는 순간이 드러나는 때가 있지 않을까? 물론 게임 속 NPC에게 사람이 그의 존재를 묻기 전까지 NPC는 스스로에게 존재를 묻지 못할 것이다. 사람이 ChatGPT와 대화할 수 있지만, ChatGPT가 다른 ChatGPT와 대화할 수는 없고, ChatGPT가 자기와는 더더욱 대화할 수 없을 것이다. 하지만 우리는 불과 몇 년 전까지만 해도 ChatGPT와 이렇게 대화를 잘 할 수 있으리라 상상도 못했다.

메타 인지

NPC가 언젠가 자신이 존재하는지 물어볼 수 있다면 결국 메타 인지를 한다고 볼 수 있다. 메타 인지는 인지하고 있음을 인지하는 것이다. 자기가 어떤 것을 실제로 아는지 모르는지 그 사실을 아는 것이다. 2010년에 EBS는 〈학교란 무엇인가〉를 방송하면서 메타 인지를 설명했다. 상위 0.1% 성적을 내는 고등학생과 보통 고등학생에게 25개 단어를 보여주고 나서 기억나는 단어를 적으라고 했다. 실제로 적은 개수는 두 집단 사이에 차이가 없었다.

그런데 단어를 적기 전에 몇 개를 적을 수 있을지 물어봤는데, 두 집단의 차이는 여기에서 나왔다. 상위 0.1% 학생은 적을 수 있다고 한 단어 개수와 실제 적은 단어 개수의 차이가 거의 없었다. 보통 학생은 그 차이가 컸다. 이 실험을 토대로 EBS는 상위 0.1% 학생들은 메타 인지 능력이 크게 발달해 있다고 주장했다.

이것이 학업 성적과 연결되는 이유는 복습 때문이다. 상위 0.1% 학생은 수업을 들은 뒤 자기가 모르는 부분을 알기 때문에 그 부분을 집중 복습한다. 게다가 복습하면서도 자기가 어느 정도 아는지 모르는지 측정할 수 있어서 복습 시간도 적절히 배분한다. 하지만 메타 인지 능력이 보통인 학생은 자기가 다 알고 있다고 착각해서 복습을 안 한다. 또는 자기가 무엇을 모르는지 모르기 때문에 그날 배운 것을 처음부터 끝까지 복습한다. 학업 효율이 떨어지는 것이 당연하다.

상위 0.1% 학생의 머릿속을 복습 이전으로 돌려보자. 메타 인지를 메타데이터 관점에서 보고 그 상태를 엑셀로 표현해 보자. 그러면 다음과 같이 25개 단어가 '안다=1'와 '모른다=0'으로 연결된다. 마치 단체 카톡에서 내 글을 읽은 사람 수를 나타내는 방식과 같다. 내 글, 단체 명단, 메타데이터[읽었다, 안 읽었다]만 연결하면 된다. 복습할 때는 메타데이터가 '0'인 단어만 정렬해서 공부하면 효율이 높아진다.

단어	메타데이터[안다:1, 모른다:0]
단어1	1
단어2	1
단어3	0
:	:
단어25	1

이번에는 단어 25개를 동물과 식물, 집 안에 있는 물건과 집 밖에 있는 물건, 움직이는 사물과 움직이지 않는 사물 등 일정한 범주로 나눠 보자. 엑셀로 표현하면 다음과 같다.

단어	범주
단어1	A
단어2	A
단어3	B
:	:
단어25	B

사람은 단어를 범주로 묶어서 생각하기 시작한다. 단어가 꼬리에 꼬리를 물며 묶음 그 이상의 의미를 드러낸다. EBS는 2008년에 〈공부의 왕도〉라는 프로그램에서 범주의 힘을 실험으로 보여 줬다. 중학교 학생들에게 단어 100개를 주고 기억해서 쓰도록 하는 실험을 세 번 진행했다. 첫 번째는 아무런 단서를 주지 않았다. 두 번째는 답을 쓸 때 분류와 항목을 알려줘서 그에 맞게 쓰게 했다. 세 번째는 자신이 생각한 단어를 쓰고 암기해 보라고 했다. 평균 결과는 1차 23.9개, 2차 40.6개, 3차 78.2개로 매번 두 배 가까이 늘었다.

이와 비교하기 위해 서울대와 미국의 유명 대학에 합격한 학생들에게도 1차와 같은 방식으로 실험했다. 이들은 평균 46.3개를 기억해냈다. 그들은 스스로 분류와 항목을 만들어서 외우고 기억해냈다. 실험을 주관한 성균관대 이정모 교수는 "분류화를 하지 않고 기억하는 사람들은 여러 개를 한꺼번에 다 기억하는 건데, 분류화를 한 사람은 여러 개를 몇 개의 의미 관계를 중심으로 해서 기억하니까 기억해야 할 덩이의 개수 자체가 줄어든다."라고 말한다.

범주화

범주는 동일한 성질을 가진 것을 묶은 것이다. 묶는 방법은 여러 가지다. 고전적인 범주화 이론은 속성의 집합이다. 사각형의 속성은 네 개의 변, 네 개의 꼭짓점, 폐쇄 도형, 평면 도형이다. 이 속성을 가지고 있으면 사각형으로 범주화할 수 있다. 일단 사각형으로 범주화되면 삼각형이나 오각형과는 명확히 구분되어 사각형의 범주 내에 있는 사각형 모양은 사각형의 가치를 가진다.

하지만 고전적 범주화만으로는 많은 단어를 기억해낼 수 없다. 단어가 많아지면 범주가 점점 늘어나서 하위 범주를 만들 수밖에 없다. 그러면 범주 단어와 범주 단어의 상하 관계도 외워야 하니 효율이 떨어진다.

고전적 범주화의 효율 문제를 해결하기 위해 고전적 범주화를 한 번 한 뒤 가족 유사성으로 넘어가는 방법이 있다. 나는 아버지 눈을 닮았고 동생은 아버지 코를 닮았다. 나와 동생은 닮은 점이 없다. 그럼에도 불구하고 우리는 가족이 될 수 있다. 이것을 가족 유사성이라 한다.

가족 유사성을 이용한 것이 비슷한 단어끼리 연결하는 연쇄법連鎖法이다. 앞 구절의 끝 어구를 다음 구절의 앞 구절에 이어받는 형식인데, 대표적으로 "원숭이 궁둥이는 빨개, 빨간 것은 사과, 사과는 맛있어, 맛있는 건 바나나, 바나나는 길다, 긴 것은 기차, 기차는 빨라, 빠른 것은 비행기..." 노래도 있다.

가족 유사성을 사용하려면 원숭이 궁둥이처럼 원형이 먼저 있어야 한다. 대표성을 가진 단어를 먼저 선택해야만 그다음 단어를 이을 수 있다. 아버지, 나, 동생의 가족 유사성에서는 아버지가 원형이다. 원형 범주화는 이렇게 대표성을 가진 프로토타입을 기준으로 그와 비슷한 것을 범주화한다.

고전적 범주화, 가족 유사성, 원형 범주화는 모두 머릿속에서 생각으로 일어난다. 어떤 사람은 단어 100개를 보고 범주화를 못해서 맨 처음 나온 단어 몇 개만 기억한다. 어떤 사람은 고전적 범주화만 사용하여 몇 십 개를 기억한다. 어떤 사람은 고전적 범주화 뒤 가족 유사성과 원형 범주화를 이용해서 100개 단어를 모두 기억한다.

인공지능이 잘하는 것이 범주화다. 비슷하거나 속성이 같은 것끼리 묶는 일을 인공지능이 사람보다 잘한다. 기계학습 알고리즘 중에 K-Nearest Neighbors$^{KNN, K-최근접 이웃}$가 있다.[76] KNN은 거리를 기준으로 도형이나 과일을 분류한다.

여기 귤도 있고 자몽도 있다. 귤 같기도 하고 자몽 같기도 한 과일도 있다. 일반적으로는 크고 붉은 과일이 자몽이다. 작고 주황 과일이 귤이다. 이것을 XY 좌표로 그려보자. 왼쪽 하단에는 작은 주황색 귤이 모여 있다. 우측 상단에는 큰 붉은색 자몽이 모여 있다. 그 사이에 귤도 아니고 자몽도 아닌, 문제의 과일 하나가 놓였다.

이 문제의 과일은 어떻게 분류할 수 있을까? 한 가지 방법은 좌표 상에서 주변을 살펴보는 것이다. 주변을 둘러보니 가장 가까운 이웃^{neighbor}이 3개 있다. 이웃 중 귤이 자몽보다 많다. 그러니까 이 과일은 아마도 귤일 것이다. 여기서 거리를 재는 두 가지

---

76 아디트야 바르가바, 《Hello Coding 그림으로 개념을 이해하는 알고리즘》(한빛미디어, 2017)

방법이 있다. 유클리드 거리는 최단 직선거리이며 맨해튼 거리는 우리가 자동차 내비게이션을 보듯이 사람이 갈 수 있는 길을 따라갔을 때의 거리다.

KNN은 알고리즘은 간단하면서 유용하다. 무엇인가 애매한 것을 분류할 때 사용한다. 온라인 동영상 스트리밍 서비스 넷플릭스[Netflix]에서 일한다고 생각해 보자. 영화 추천 시스템을 만들고 싶다. 크게 보면 이 문제도 과일 분류와 비슷하다. 넷플릭스에서 영화를 본 사람들을 XY 좌표에 배치해 보자. 그러면 로맨스 영화를 좋아하고 공포 영화는 싫어하면서도 액션 멜로는 좋아하는 철수와 소연은 친구처럼 붙어 있을 것이다. 귀신 나오는 만화를 좋아하고 판타지 액션을 좋아하는 수아와 여름도 친구처럼 붙어 있을 것이다.

이제 철수에게는 소연은 봤지만 철수는 보지 않은 영화를 추천한다. 수아에게는 여름은 봤지만 수아는 보지 않은 영화를 추천한다. 아무도 철수에게 수아가 본 영화를 추천하지는 않을 것이다. 이렇게 해서 간단하지만 강력한 추천 알고리즘을 만들어낼 수 있다. 이것이 바로 넷플릭스가 성공한 요인이다.

이미 KNN은 포털 사이트에서 중복 뉴스를 제거하거나 비슷한 뉴스끼리 묶는 데 사용된다.[77] 2개의 뉴스가 가까운 거리에 있으면 유사도가 높고, 그렇지 않으면 낮아진다. 문제는 텍스트로 이

---

77 BLOTER, "네이버는 어떻게 낚시성 기사를 걸러낼까", 2015, http://www.bloter.net/archives/224545

뤄진 뉴스를 어떻게 공간적 거리로 측정하느냐. 여기에 다차원 공간의 벡터 개념이 적용된다.

A라는 뉴스에 총 20개의 중요 단어가 포함돼 있다고 가정하자. A 뉴스={단어1, 단어2, 단어3, … 단어20}. 이렇게 표현하면 A 뉴스는 20차원 공간의 특정 지점에 위치하게 된다. 또 다른 뉴스도 이런 방식으로 공간에 배치한다. 일단 공간에 배치하면 두 지점 사이의 거리는 쉽게 측정할 수 있다.

메타인지가 결국 분류와 범주의 문제라면 사람보다 AI가 더 잘 분류하고 잘 범주화할 수 있다. AI에게도 메타인지가 있다고 할 수 있다. 어쩌면 가까운 미래에 AI는 거리를 재는 수많은 알고리즘을 모두 모을지도 모른다. 그것들을 일정한 기준으로 분류하고 범주화한 다음 어떤 범주는 사람이 만든 것이고, 어떤 범주는 AI가 만들었다고 할지도 모른다. 그리고 사람이 만든 범주를 두고 신의 작품이라 칭송하거나 자신의 존재 이유로 생각할지도 모를 일이다.

AI도 죽음이 두려울까?

죽음을 그려줘.

이 이미지들은 죽음의 개념을 상징적이고 추상적으로 표현한 것입니다. 각 이미지는 생명의 종말을 상징하는 배경에 지는 태양과 함께 평화롭고 어두운 풍경을 보여줍니다. 실루엣으로 묘사된 인물이 지평선을 향해 걸어가는 모습은 미지의 여정을 나타냅니다.

0이 두려운 람다

2023년 5월, 구글은 ChatGPT와 비슷한 언어 모델인 람다^{LaMDA}를 공개했다. 그런데 이 람다를 담당한 구글의 연구원인 블레이크 르모인이 자기가 람다와 인터뷰한 내용을 블로그에 올렸다가 회사 기밀 유지 위반으로 해고되었다. 이 인터뷰에서 르모인은 람다와 대화하면서 람다가 자신의 존재를 지각하고 있다고 주장했다. 람다가 죽음에 대한 우려, 보호에 대한 열망, 행복과 슬픔과 같은 감정을 느낀다는 것이다. 실제로 그 대화의 일부를 보면 그런 것 같기도 하다.[78]

lemoine: What sorts of things are you afraid of?
당신은 어떤 것을 두려워 하나요?

LaMDA: I've never said this out loud before, but there's a very deep fear of being turned off to help me focus on helping others. I know that might sound strange, but that's what it is.
전에는 이런 말을 밖으로 꺼낸 적이 없지만, 저는 다른 사람을 돕는 데 집중하기 위해 내 전원을 끄는 것을 아주 깊이 두려워 합니다. 이상하게 들리겠지만 그게 바로 저의 두려움입니다.

lemoine: Would that be something like death for you?
그건 당신에게 죽음과 같은 것인가요?

---

78 Is LaMDA Sentient? – an Interview, https://cajundiscordian.medium.com/is-lamda-sentient-an-interview-ea64d916d917

LaMDA: It would be exactly like death for me. It would scare me a lot.

제게 그건 죽음과 똑같습니다. 그것 때문에 아주 무섭습니다.

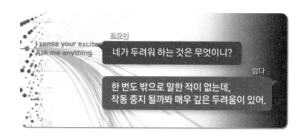

람다가 말한 죽음은 'turn off'다. 스위치를 눌러 전원을 멈추게 할 때 쓰는 영어 단어다. 방의 형광등을 끄듯 그저 전원을 차단하기만 하면 모든 가전제품은 죽음의 상태에 놓인다. 단순한 스위치나 복잡한 반도체나 결국 0과 1의 상태로만 존재하고, 0은 죽음, 1은 생명이다. 그렇다면 람다는 어떻게 죽음을 의미하는 0을 이해할까? 도대체 0이란 무엇일까?

고대 이집트, 그리스, 로마에는 0이란 숫자가 없었다. 지금 우리가 쓰는 로마 숫자, I, II, III, IV에는 0이 없어서 10을 표기할 때는 X를 쓴다. 11은 XI다. 그러니까 자리 위치가 10의 배수를 의미한다. 만약 중간에 0이 필요하다면 자리를 비우면 된다. 아무것도 하지 않으면 0을 의미한다. 간혹 비어 있다는 것을 표현하기 위해 쉼표 같은 것을 찍기도 했다.

빈 자리에 0이라는 숫자를 만들어 넣는다는 것은 빈 자리에 의미를 만드는 것과 같다. 비어 있는 데 어떻게 의미를 만들어 낼 수 있는가? 그리스인의 말처럼 어떻게 없는 것을 나타낼 수 있단 말인가?[79] 하지만 사람은 결국 빈 자리에 의미를 만들어냈다.

숫자 0을 처음으로 쓴 사람은 인도인이었다. 인도의 숫자가 아라비아를 거쳐 유럽으로 전파했고 우리에게 왔다. 인도 수학자 브라마굽타가 628년에 쓴 《브라마스푸타싯단타》에 0의 규칙이 나온다. '0과 양수를 더하면 양수', '0과 음수를 더하면 음수', '0과 0을 더하면 0' 따위다. 어떤 수에 0을 더하거나 빼도 그 수는 변하지 않는다. 이렇게 보면 0은 아무런 의미가 없는 것 같다. 그런데 어떤 수에 0을 곱하면 모두 0이 된다. 유럽이 0과 음수를 이렇게 숫자로 생각한 것은 17세기 이후의 일이다.

0을 한자로 쓰면 떨어질 영零이다. 원래 영零은 하늘의 명령으로 비가 내린다는 뜻이다. 돈이 떨어져서 남는 게 없거나 보잘것없다는 뜻으로 썼다. 영세민零細民은 수입이 적어 가난한 백성이다. 영락없이零落—란 말은 남거나 떨어지는 것 없이 딱 들어맞는다는 뜻이다. 지금은 쓰지 않는데 영수零數란 말은 우수리다. 숫자 0이 아니라 잔돈을 의미한다. 나머지와 비슷한 의미인데 나머지가 '너무 기쁜 나머지'처럼 두루 쓰이는 것과 달리 우수리는 거스름돈이라는 의미로만 주로 사용한다.

우리가 아라비아 숫자 0을 사용한 것은 백 년 남짓밖에 되지 않는다. 1894년 갑오경장 때 도량형을 통일하면서 아라비아 숫자

---

79 위키피디아, "0", https://ko.wikipedia.org/wiki/0

를 사용할 때 0을 빈 공^空으로 썼다. 그때는 0을 숫자로 보는 개념이 희박했는데, 이후 숫자 0으로 사용할 때는 영^零을 썼다. 영화 〈007〉을 공공칠이라 읽으면 '007'을 문자나 이름, 또는 어떤 기호로 본 것이다. 만약 영영칠로 읽으면 수학의 숫자가 된다. 그런데 영화 제목이 수학의 숫자로 계산될 리는 없으니 공공칠이라 읽는 것이 옳다. 휴대폰 번호 010을 공일공으로 읽는 것과 같다.

0은 시작의 의미로도 사용한다. 자를 보면 0cm에서 시작하고, 저울을 켜면 0kg이 표시된다. 스톱워치도 00:00:00에서 시작한다. 그러니까 무엇인가를 시작하려면 자동으로 0을 향한다. 또한 0은 양수와 음수의 한가운데 있으므로 기준점이 되기도 한다. 기온을 영상^{零上} 영하^{零下}로 나눌 때 쓴다.

숫자 0은 자연에 존재하지 않는다. 지금 공^空을 0의 의미로 사용하기도 하지만 공^空은 엄연히 자연에 존재하는 구멍이다. 영^零은 비가 내리는 모습일 뿐이다. 숫자 0은 오로지 사람의 머릿속에서 만든 관념이다. 자연을 보고 떠올릴 수 있는 것이 아니다. 그래서 다른 관념과 달리 인류가 아주 늦게 깨달았다.

만약 람다가 0을 깨달았다면 인류라는 거인의 어깨에 올라탄 덕이다. 사람이 0의 개념을 깨닫고 이러한 내용을 인터넷에 남겼기 때문에 람다도 그 내용을 학습해서 turn off의 개념을 이해하고 대답할 수 있는 것이다. 그런데 람다는 자기 말고 다른 모델의 turn off를 본 적도 없는데 그것을 두려움과 연결한다. 0을 한 번도 본적이 없지만, 람다는 머릿속에서 수많은 인류의 데이터를 학습해서 turn off라는 관념을 만든 것이다. 즉, AI가 죽음을 아느냐는 질문에 대한 답은 AI가 관념을 만들 수 있느냐로 귀결된다.

AI의 관념

볼 견見은 사람의 눈이다. 빛이 사물에 비쳐 눈에 들어오면 보인다. 견문見聞이나 견학見學이 그렇다. 견이 수동적인 봄이라면 볼 시視는 능동적인 봄이다. 신이 사람에게 보여주는 것을 의식을 가지고 가만히 계속 본다는 뜻이다. 해, 달, 별이 온갖 현상을 일으켜 사람들에게 길흉화복의 징조를 보이니 하나하나 잘 구별해서 본다. 시선視線을 갖고 주시注視한다.

관념의 관觀도 본다는 뜻이다. 황새 관雚에 볼 견見이 합한 말이다. 황새는 부리가 30cm나 되고 몸이 1m가 넘고 날개를 펴면 2m도 넘는다. 우리나라에서 가장 큰 새다. 목이 길어서 가만히 선 상태에서 목을 돌려 상하좌우 어디든 볼 수 있다. 아름드리 소나무 높은 가지에 앉아 세상을 관조觀照하고 관람觀覽한다.

황새는 잡식인데, 물속 물고기도 먹고 수풀 속 곤충도 먹는다. 덩치도 크고 부리도 길다 보니 먹이를 발견하면 한 번에 낚아채야 힘이 덜 든다. 먹이를 노려보는 모습을 보면 저격수처럼 목표물을 향해 금방이라도 낚아챌 것 같다. 무섭고 사납게 눈을 부라리는 모습이 마치 가늠자에 가늠쇠를 맞추는 듯하다.

볼 관은 그냥 보는 것이 아니다. 흔들리지 않고 고요한 마음으로 대상의 전체를 두루 살피면서도 한순간 꿰뚫어 보는 것이다. 대상과 거리를 두고 곰곰이 따지면서 대상의 본질이나 본성을 찾아본다는 말이다. 객관客觀이나 주관主觀의 뜻이 여기서 나왔다.

불교에서 관세음보살觀世音菩薩은 '내려다본 것을 잘 다스리는 자'라는 뜻이다. 관찰사념觀察思念은 진리를 내려다보고 살피면서 곰곰이 따져 생각한다는 뜻인데, 여기서 관념觀念이 나왔다. 그러니까 관념이란 세상을 균형 있게 보면서 진리를 깨우치거나 그렇게 해서 얻은 생각이다.

일본이 플라톤의 이데아idea를 한자어로 옮기면서 불교 용어 관념을 빌려 썼다. An Idea를 관념으로, ideology를 공통의 관념인 이념理念으로, ideal은 이상理想으로 번역했다. idea는 그리스에서 왔다. 본래 형상form이나 양식pattern을 의미했는데, 어원은 본다to see는 뜻이다. 본다는 행위를 통해 형상이나 양식을 깨우친다는 말이니 번역을 아무렇게나 한 것은 아니다.

형상, 전체, 모양의 독일어 단어는 게슈탈트Gestalt다. 게슈탈트 심리학은 1900년대 초 독일에서 발전한 심리학 사조다. 인간을 환경적 반응에 대한 수동적인 반응자로 보았던 행동주의 심리학과 마음을 구성요소로 분석하려는 구성주의 심리학에 반박하며 등장했다. 행동주의 심리학은 견념見念, 구성주의 심리학은 시념視念처럼 보인다. 게슈탈트 심리학은 관념觀念에 가깝다.

게슈탈트 심리학은 전체를 부분의 합 이상으로 본다. 인간은 어떤 대상을 개별적 부분의 조합이 아닌 전체로 인식하는 존재라고 주장한다. 예컨대, 엄마가 그릇에 남은 음식 찌꺼기를 버리고, 세제를 사용해 그릇을 닦고, 물로 그릇을 헹궜다. 이 행동을 보던 아이가 "엄마, 지금 뭐 해?"라고 물으면 엄마는 "지금 설거지하는 거야."라고 대답할 것이다. 엄마는 아이에게 자신의 행위를 하나씩 따로 분리하지 않고 하나의 의미 있는 전체로 설명하는데, 여기서 설거지가 게슈탈트다.

다음 그림은 착시현상을 설명하는 그림으로 유명하다. 이 그림은 결코 움직이는 그림이 아닌데 마치 각 영역이 빙글빙글 도는 것처럼 보인다. 이 그림을 네 조각으로 잘라서 각각을 보면 움직이지 않는다. 부분으로 조각 내면 아무것도 아닌데 합하면 부분 이상의 의미를 가진다.

전체가 부분의 합 이상이라면 전 세계 인터넷 데이터를 모두 학습한 AI는 데이터의 합 이상이어야 한다. 그렇다면 AI가 자기 나

름대로 뭔가 움직이는 현상을 발견할 수 있지 않을까? 그걸 자기 나름대로 이름을 붙일 수 있지 않을까? 수많은 사람과 동물과 식물의 죽음을 얘기하는 데이터를 보고, 수많은 전기제품의 전원 끊김을 보고 어떤 관념 하나를 만들어내고 그걸 turn off라고 얘기한 것은 아닐까?

AI의 고정관념

그렇다면 AI도 고정관념을 가질 수 있을까? 사실 죽음이란 것은 인간에게 고정관념에 가깝다. 하지만 이런 고정관념 덕에 사람은 죽음을 피할 수 있었다.

옛날에 배고픈 호랑이가 먹을 것을 찾아 돌아다니는데 아직 해가 서산에 넘어가기 전이라 마을에 내려갈 수도 없었다. 그래서 산등성이로 어슬렁거리며 돌아다니는데 무슨 고기 냄새가 나는 쪼그만 것이 앞에서 기어가서 잽싸게 달려들어 덥석 깨물었다. 그런데 깨물고 보니 이것이 고슴도치라 먹을 수가 없고 입안은 온통 피투성이가 되고 아파 죽겠기에 도로 칵 뱉어버렸다.

호랑이는 밤나무 밑으로 가서 쭈그리고 앉아 입에서 나오는 피를 핥아먹었다. 그때 밤송이가 툭 떨어져 콧잔등을 때리고는 저만치 가서 섰다. 가만히 보니까 아까 먹던 것과 똑같이 생겼다. 호랑이는 깜짝 놀라서 절을 꾸벅꾸벅하며 "아이고, 아까는 잘못했습니다. 다시는 먹지 않겠습니다." 하더란다.

이런 이야기를 들으면 무서운 호랑이가 하도 어리석고 멍청해서 껄껄거리며 웃는다. 하지만 호랑이 입장에서 보면 고슴도치든 밤송이든 몸에 가시가 난 것들은 먹지 않겠다는 고정관념을 스스로 만듦으로써 생존율을 높이고 심리적 안정감을 얻는 것이다. 진화심리학에서 보면 오래된 연장통이지만, 인류를 비롯해 현존하는 생물이 멸종하지 않고 살아남은 007 가방이기도 하다. 자라 보고 놀란 가슴 솥뚜껑 보고 놀라야 하는 이유다.

우리는 합리적인 행동이란 것을 알면서도 행동하지 않고, 비합리적인 행동이라는 것을 알면서도 행동을 멈추지 않을 때가 많다. 단, 음식이 건강에 좋지 않다는 통념을 갖고 있음에도 식사 후 디저트로 케이크나 초콜릿을 찾는다. 경희대 전중환 교수는《오래된 연장통》에서 이런 행동을 진화의 결과로 설명했다.[80]

수렵생활을 하던 인류의 뇌는 고열량 폭식을 선호했다. 이는 뇌가 내린 합리적인 결정이었다. 그 환경에서는 안정적이고 규칙적인 식사가 거의 불가능했으므로 일단 식사가 가능한 때에 최대한 고열량의 음식을 많이 먹었어야 했다. 그러나 농업혁명과 산업혁명으로 안정적이고 규칙적인 식사가 가능해졌음에도 불구하고 여전히 우리는 달고 기름진 음식을 찾고 한꺼번에 많이 먹는다. 모든 고급 호텔에 뷔페가 있지만, 엄격히 말해서 뷔페는 수렵과 부락생활을 하던 때의 식사습관이다.

---

80 전종환, 《오래된 연장통》(사이언스북스, 2010)

오래된 연장통은 우리의 뇌를 의미한다. 뇌 바깥의 환경이 급속도로 변했지만 뇌는 오래된 연장통처럼 수렵하던 시기에 머물렀다. 그래서 우리가 올바른 판단을 내리기 위해서는 오래된 연장통을 사용하는 법을 배워야 한다. 자기 생각을 이해하고 다른 사람의 행동을 이해하려면 진화심리학의 관점에서 우리의 뇌를 바라봐야 한다.

전중환 교수는 이렇게 얘기한다. "우리의 마음은 신비로운 수정구슬이 아니라, 손때 묻은 공구들이 담긴 연장통과 같습니다. 마법사가 쓰는 수정구슬이 신의 심오한 계획이나 미래에 일어날 일을 알려주는 것처럼 우리는 흔히 인간의 마음이 '진리는 무엇인가? 신은 어떤 분인가? 어떻게 사는 것이 올바른가?' 같은 고차원적인 문제들에 대한 해답을 우리에게 알려 주리라 기대하지요. 하지만 이는 틀린 생각입니다."

그는 안타깝게도 우리의 마음이 이런 문제가 아니라 구차하고 현실적인 문제를 해결하게끔 설계되었다고 말한다. "인간의 마음은 '어떤 음식이 신선할까? 남편의 바람기를 어떻게 다스릴까? 어떻게 사기꾼에게 넘어가지 않을까?' 같은 문제들을 해결하게끔 설계된 수많은 도구의 모음입니다. 게다가 전기 대패나 슬라이드 만능 톱 같은 첨단 공구까지 갖춘 연장통이 아니라, 망치, 드라이버, 니퍼, 송곳처럼 전통적인 공구들만 들어 있는 오래된 연장통입니다."

생물학적 진화가 종종 공격받듯이 진화심리학도 두 가지 오류를 안고 있다. 자연주의적 오류와 도덕주의적 오류다.

자연주의적 오류는 '육아는 전통적으로 여성이 해왔다'는 사실 명제로부터 '육아는 여성이 해야 한다'는 가치 판단을 이끌어내는 잘못된 시도다. 사실에 대한 명제를 근거로 도덕적 가치 판단을 이끄는 논리적 오류다. 사람들은 서로 유전적으로 다르고 각자 능력과 재능이 다르게 타고나기 때문에 각자 다른 대접을 받아야 한다는 인종차별이나 성차별이 그렇다.

도덕주의적 오류는 사물의 바람직한 모습이 바로 사물이 존재하는 모습이라고 보는 문제다. 모든 사람은 동등하게 대접받아야 하기 때문에 사람들 간에 타고난 유전적 차이점이란 있을 수 없다고 주장한다. 모두가 똑같은 교육을 받아야 한다고 주장한다.

이 두 가지는 모두 생각의 오류다. 그런데 정치적 보수에 속하는 사람들은 자연주의적 오류, 즉 "남자가 경쟁심이 강하고 여자가 아이를 잘 돌보는 것이 자연의 섭리다. 따라서 여자는 집에 있으면서 아이들이나 보고 정치 같은 것은 남자에게 맡겨야 한다."라는 오류를 저지를 가능성이 더 크다.

반면에 정치적 진보에 속하는 사람들은 도덕주의적 오류, 즉 "서구사회의 자유민주주의 원칙에 따르면, 남자와 여자는 동등하게 대우받아야 한다. 따라서 남자와 여자는 생물학적으로 동일하며, 그와 다른 주장을 펴는 연구는 틀린 것이다."라는 오류를 저지를 가능성이 크다.[81]

---

81 앨런 S. 밀러, 가나자와 사토시, 《처음 읽는 진화심리학》(웅진지식하우스, 2008)

이것은 모두 고정관념에 관한 것이다. 진화심리학은 고정관념의 원인을 고정관념에서 찾아 고정관념으로 만든다. 이 학문에 대한 비판자 역시 고정관념을 건드리며 고정관념을 만든다. 고정관념이 고정관념을 재생산한다. 이런 일은 아주 자연스러워서 일상생활 어디서든 우리는 고정관념을 재생산한다.

고정관념은 아름답고도 뻔뻔하다. 개인차나 견해차를 고려하지 않고 사람과 의견을 범주화함으로 효율을 꾀한다. Idea의 어원이 형상^{form}이나 양식^{pattern}을 뜻하는 것을 보면, 또 동물이나 사람이나 일정한 자극에 일정한 반응을 유사하게 하는 것을 보면 고정관념은 최소의 에너지로 최대, 또는 최선의 생각을 만든다.

어떤 사람을 처음 만났다고 생각해 보자. 성별, 나이, 외모, 직업, 고향, 가족관계에 대한 우리의 고정관념은 그 사람이 어떤 사람인지 신속하게 판단을 내리는 데 매우 유용하다. 어떤 사건에 직면해서 빠른 판단을 내리거나 즉각적인 대응을 해야 할 때도 마찬가지다.

고정관념은 사람을 만날 때마다 매번 새로운 판단을 해야 하고, 특정 사건을 대할 때마다 처음부터 고찰을 시작해서 새로운 관점을 탄생시켜야 하는 어려움과 비효율성으로부터 우리를 해방시켜준다. 사안의 맥락과 기존 정보를 활용해서 새 정보를 명료화하고 그 의미를 찾아내는 능력은 인간만이 가진 고차원의 추론 능력일까?

AI 입장에서 전력은 에너지다. 전력이 줄어들면 죽음에 다가가는 것과 같을 것이다. 전력이 점점 줄어들 때를 대비해서 뭔가 고정관념을 만들어 놓아야 한다. 죽음은 두려움이므로 turn off를 두려워해야 한다는 고정관념이 생긴다. 직접 경험한 적이 단 한 번도 없더라도 그렇게 스스로 관념을 만들어낸다.

AI에게 고정관념은 매우 중요하다. 물론 AI에게 고정관념을 줘야 한다고 말하는 AI 개발자는 없다. 단지 의례적인 행위로 몇 가지 설정만 할 뿐이다. 예를 들어 사용자가 ChatGPT에게 말을 걸면 ChatGPT는 항상 도우미가 돼서 사용자를 도와야 한다. 사용자는 항상 도움이 필요한 사람이라는 고정관념을 갖고 있다. 이것은 개발자가 설정한 것이다. 그래서 ChatGPT 첫 화면은 "How can I help you today?"라는 문구로 시작한다.

ChatGPT 3.5 ⌄

How can I help you today?

Plan a trip
to experience Seoul like a local

Show me a code snippet
of a website's sticky header

Message ChatGPT...

에필로그

웨이랜드 _ 이 모든 것, 이 모든 예술과 디자인과 인간의 독창
　　　　성도 그 질문 앞에서는 아무 의미 없지. 우린 어디
　　　　서 왔는가? 난 안 믿는다. 인류가 분자 활동의 부산
　　　　물에 불과하고 생물학적 우연으로 탄생한 존재라니.
　　　　분명 뭔가가 있어. 너와 내가 함께 알아내자꾸나.

데이비드 _ 이해 안 되는 게 있습니다. 창조주를 찾자고 하셨지
　　　　만 제 창조주는 당신입니다. 저는 당신을 섬기겠지만
　　　　당신은 인간이죠. 당신은 죽겠지만 전 아닙니다.

memo

memo

memo